# 이 책의 사용법

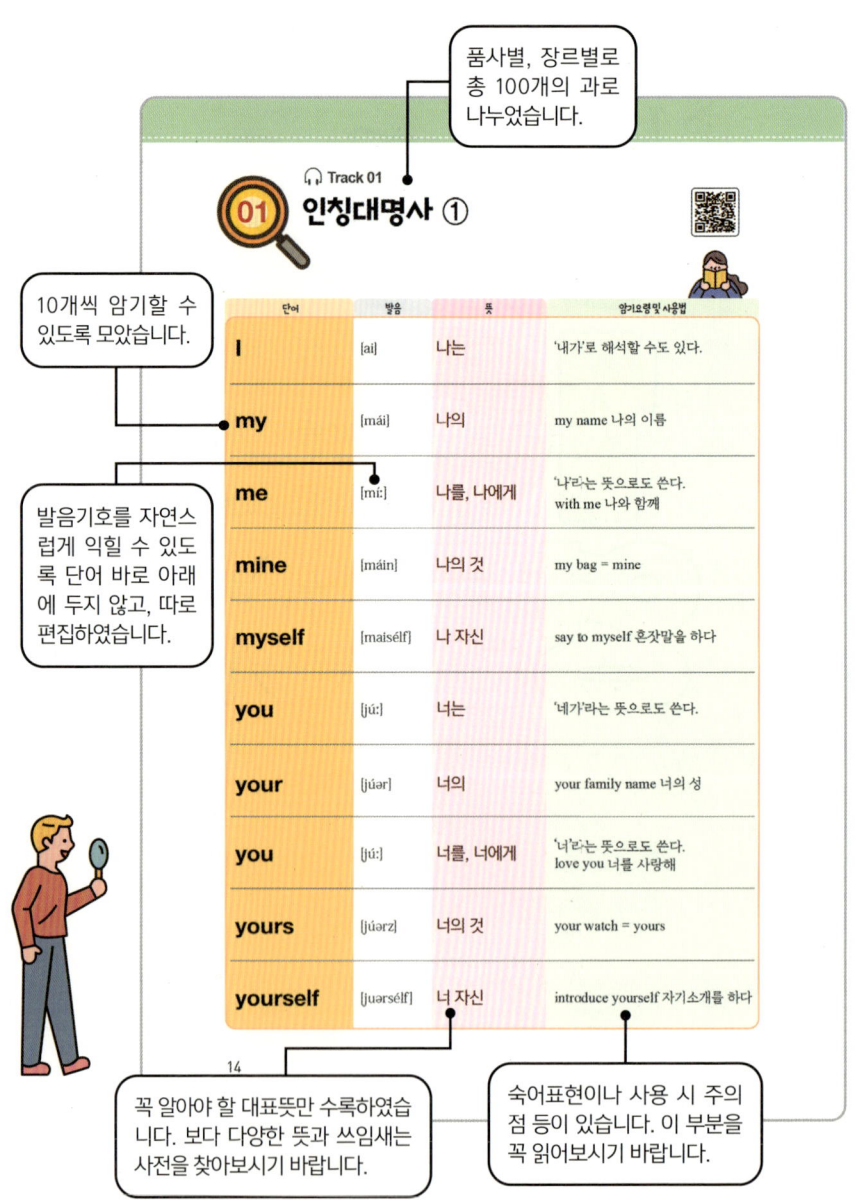

### 확인 문제 풀기

**Day 1**

📝 문장을 읽고 빈칸에 들어갈 말을 쓰세요.

❶ **I** am busy.
　_____ 바빠요.

❷ **My** name is Min-su Kim.
　_____ 이름은 김민수예요.

❸ Come **with me**.
　_____ 가요.

❹ This bag is **mine**.
　이 가방은 _____예요.

❺ I often **say to myself**.
　나는 가끔 _____.

❻ **You** are busy, aren't you?
　_____는 바쁘지?

❼ **Your** family name is Park, isn't it?
　_____ 성은 박이지?

❽ I love **you**.
　나는 _____ 사랑해.

❾ Is this watch **yours**?
　이 시계는 _____ 니?

❿ Please **introduce yourself**.
　_____ 주세요.

## 머리말

 여러분, 안녕하세요. 나가사와 토시오입니다.
이 책은 기본 단어를 어떻게 하면 효율적으로 암기할 수 있는지를 고민하여 만든 책입니다. 영단어책은 이미 많이 나와 있기에 기존의 책과 차별화된 단어집이 아니면 출판할 가치가 없다고 생각했습니다. 그래서 내용에 심혈을 기울였고 이렇게 무사히 출판하게 되어 더할 나위 없이 기쁩니다.

이 책은 다음과 같은 특징들이 있습니다.

단어를 장르별로 나누었습니다.
이 구분법에는 영단어를 쉽게 외우기 위한 요령을 제시하고 있습니다. 단어를 어떤 순서로 나열할지, 그리고 어떻게 나누면 독자분들이 외우기 쉬울지를 생각하여 단어를 정리했고, 각 단어의 암기요령과 사용법에 대한 힌트를 달아두었습니다. 단순히 암기하는 것보다는 주의점과 요령을 알아둔다면 훨씬 기억에도 오래 남고, 정확한 사용법에 대한 확신이 생기게 됩니다. 또한 사용법과 암기방법에 있는 내용들은 여러분의 지적 욕구를 충분히 채울 수 있는 영단어 책이라 자부합니다.

특히 영단어의 해설 부분을 잘 읽으세요.
그러면 다른 책과 얼마나 다른지 알 수 있을 겁니다. 그리고 분명히 여러분이 상상한 것 이상으로 영어에 흥미를 느끼게 될 겁니다.

영어 예문도 고심하여 만들었습니다.
도움이 될 뿐만 아니라 외우기 쉬우며 종합적인 영어 능력이 향상되도록 고안했습니다.
그리고 Day 10에서는 영단어의 '철자와 발음'의 법칙을 설명해두었습니다.
이 장을 공부하면 철자를 정확히 외우는 요령을 습득할 수 있습니다.
이 책을 반복하여 읽는다면 여러분의 영어 실력이 단숨에 향상될 것입니다.

마지막으로 여러분께 제가 좋아하는 글귀를 들려드리겠습니다.
'기쁨으로 공부하면 기쁨이 다시 찾아온다.'

나가사와 토시오

## 이 책의 구성

중학교 3년간 배우는 영단어 중에서 반드시 외워야 하는 중요한 단어(약 1,000개)를 '100항목'으로 정리했습니다.

Day 1~9의 구성을 살펴보면 왼쪽 페이지에는 「영단어의 발음, 뜻, 해설, (확인 문제를 푸는) 힌트 등」이, 그리고 오른쪽 페이지의 「확인 문제 풀기」에서는 왼쪽 페이지의 각 단어를 사용한 예문(약 850개)이 실려 있습니다.

왼쪽 페이지에서 배운 영단어를 정확하게 이해하고 외우고 있는지를 오른쪽 페이지에 있는 영문 해설의 칸에 써보면서 확인할 수 있습니다.

Day 10에서는 영단어의 '철자와 발음'의 법칙을 정리했습니다. 이 법칙을 외운다면 같은 그룹의 영단어의 '발음법'을 서서히 알 수 있게 됩니다.

● **부록**
확인연습문제 정답과 제시단어 색인이 들어 있습니다.

● **MP3 다운로드(www.jplus114.com)**
Day 1~9의 왼쪽 페이지에 있는 단어(영어+한글 뜻)와 오른쪽 페이지의 '확인 문제 풀기'에 나오는 영문(약 860개)이 녹음되어 있습니다. 과 순서대로 총 86트랙 수록.

스마트폰으로 QR 코드를 스캔하면 음원을 바로 들을 수 있습니다.

## 발음 읽는 법

- [æ]   [에] 입 모양으로 [아] 로 발음하면 됩니다.
- [v]   아랫입술을 깨무는 듯이 하여 [비]라고 발음하면 [뷔] 소리를 낼 수 있습니다.
- [f]   아랫입술을 살짝 깨무는 듯이 [프]라고 발음합니다.
- [ə:r]  입을 작게 벌려 [어~]라고 발음합니다.
- [a:r]  입을 크게 벌려 [아~]라고 발음합니다.
- [l]   혀를 윗니 잇몸에 붙여서 [르]라고 발음합니다.
- [r]   입모양은 [으]로 하고 [르] 소리를 냅니다.
- [dz]  [츠]와 같은 입 모양으로 성대를 울리며 [쥐]라고 발음합니다.
- [z]   [스]의 음을 성대를 울리며 [즈]라고 발음합니다.
- [θ]   혀끝을 윗니의 뒤쪽에 가볍게 대고 [쓰]라고 발음하듯 숨을 내쉬면 [θ] 소리를 낼 수 있고, 소리를 내면 [ð][드]를 발음할 수 있습니다.
- [j]   입모양은 [이]라고 발음하면서 혀끝이 턱 천장에 닿을 듯 말 듯 하게 하여 입의 양 끝을 좌우로 당겨 소리를 냅니다.
- [i]   [이]와 [에] 사이의 음입니다.
- [u]   [우]와 [오] 사이의 음입니다.

That is는 [뎃이즈]라고 발음하는 사람이 있는가 하면 [데리즈]로 발음하는 사람도 있습니다. 마찬가지로 [타, 티, 투, 테, 토]가 [라, 리, 루, 레, 로]로 발음되는 경우가 있습니다.
모음(아, 이, 우, 에, 오) 두 개가 이어질 때는 앞의 모음을 강하게 발음한 뒤에 두 번째 모음을 가볍게 덧붙이듯이 발음합니다.

- [ei] [에이]    [ou] [오우]
- [ai] [아이]    [au] [아우]

## 목차

### Day 1 인칭대명사, 대명사, 의문사 ·········· 13
- 01 인칭대명사 ①
- 02 인칭대명사 ②
- 03 인칭대명사 ③
- 04 대명사
- 05 '사람'을 나타내는 단어
- 06 '가족, 친척'을 나타내는 단어
- 07 의문사

### Day 2 기본 동사 ·········· 29
- 08 함께 외워두면 좋은 동사 ①
- 09 함께 외워두면 좋은 동사 ②
- 10 함께 외워두면 좋은 동사 ③
- 11 함께 외워두면 좋은 동사 ④
- 12 틀리기 쉬운 동사 ①
- 13 틀리기 쉬운 동사 ②
- 14 틀리기 쉬운 동사 ③
- 15 혼동하기 쉬운 동사
- 16 동작이나 상태를 나타내는 동사 ①
- 17 동작이나 상태를 나타내는 동사 ②
- 18 조동사 ① 평서문의 경우
- 19 조동사 ② 의문사의 경우

### Day 3 일상생활에서 자주 사용하는 기본 단어 ·················· 55

- 20  월
- 21  요일, 계절
- 22  '시간'을 나타내는 단어 ①
- 23  '시간'을 나타내는 단어 ②
- 24  집
- 25  음식
- 26  신체
- 27  커뮤니케이션에 관한 단어

### Day 4 학교, 일, 취미, 스포츠 등에 관한 단어 ·················· 73

- 28  학교
- 29  학용품
- 30  학교생활
- 31  과목
- 32  음악, 악기
- 33  스포츠 ①
- 34  스포츠 ②
- 35  일, 직업

### Day 5 거리, 국가, 자연, 동식물에 관한 단어 ·················· 91

- 36  거리의 건물
- 37  교통기관 ①
- 38  교통기관 ②

9

# 목차

39 '국가'에 관한 단어
40 '지역'에 관한 단어
41 '자연'에 관한 단어 ①
42 '자연'에 관한 단어 ②
43 '자연'에 관한 단어 ③
44 동물
45 생물

## Day 6 형용사 ......................................................... 113

46 '감정'을 나타내는 형용사
47 '몸 상태'를 나타내는 형용사
48 '날씨'를 나타내는 형용사
49 함께 외우면 좋은 형용사 ①
50 함께 외우면 좋은 형용사 ②
51 함께 외우면 좋은 형용사 ③
52 틀리기 쉬운 형용사 ①
53 틀리기 쉬운 형용사 ②
54 틀리기 쉬운 형용사 ③
55 틀리기 쉬운 형용사 ④
56 비슷한 형태의 형용사

## Day 7 부사, 전치사, 접속사, 부정대명사 ................. 137

57 '장소, 방향'을 나타내는 부사
58 '장소, 시간'을 나타내는 부사
59 '방향'을 나타내는 부사

60 '빈도, 횟수'를 나타내는 부사
61 틀리기 쉬운 전치사 ①
62 틀리기 쉬운 전치사 ②
63 비교하면서 외우는 전치사
64 비교하면서 외우는 접속사
65 some과 any로 시작하는 부정대명사

## Day 8 함께 외우면 편리한 단어 ① ········· 157

66 셀 수 없는(=불가산) 명사
67 단축형이 있는 명사
68 '색'을 나타내는 명사와 형용사
69 '국적, 언어'를 나타내는 명사와 형용사
70 '동작'을 나타내는 동사와 '사람'을 나타내는 명사 ①
71 '동작'을 나타내는 동사와 '사람'을 나타내는 명사 ②
72 동사와 -ing로 끝나는 명사 ①
73 동사와 -ing로 끝나는 명사 ②
74 동사와 -tion, -sion으로 끝나는 명사
75 거의 같은 뜻을 가진 동사와 명사
76 동사와 명사의 일부분이 다른 단어

## Day 9 함께 외우면 편리한 단어 ② ········· 181

77 어원이 같은 형용사와 명사 ①
78 어원이 같은 형용사와 명사 ②
79 어원이 같은 형용사와 명사 ③
80 어원이 같은 형용사와 명사 ④

# 목차

81  어원이 같은 형용사와 명사 ⑤
82  어원이 같은 형용사와 부사 ①
83  어원이 같은 형용사와 부사 ②
84  셀 수 있는(가산) 명사와 함께 쓰는 형용사
85  셀 수 없는(불가산) 명사와 함께 쓰는 형용사
86  기수, 서수

## Day 10 영단어 철자와 발음 법칙 ·················· 203

87  [e], [o], [al] 이 들어간 단어
88  [u], [un] 이 들어간 단어
89  [ee], [e△e] 가 포함된 단어
90  [oo], [re] 가 포함된 단어
91  [ou], [on], [ow] 가 포함된 단어
92  [u], [un] 이 포함된 단어
93  [er], [or] 이 포함된 단어
94  [ea], [are], [th] 가 포함된 단어
95  [a△e] 가 포함된 단어
96  [i△e] 가 포함된 단어
97  [o△e], [u△e], [ue] 가 포함된 단어
98  [m+p], [m+b] 가 포함된 단어
99  [-ll], [-ss] 자음 문자가 연속되는 단어
100 [-pp], [-tt] 가 포함된 단어

❋ 기본 동사 변화표
❋ 색인

# Day 1

월    일

인칭대명사

대명사

의문사

# 01 인칭대명사 ①

| 단어 | 발음 | 뜻 | 암기요령 및 사용법 |
|---|---|---|---|
| **I** | [ai] | 나는 | '내가'로 해석할 수도 있다. |
| **my** | [mái] | 나의 | my name 나의 이름 |
| **me** | [míː] | 나를, 나에게 | '나'라는 뜻으로도 쓴다.<br>with me 나와 함께 |
| **mine** | [máin] | 나의 것 | my bag = mine |
| **myself** | [maisélf] | 나 자신 | say to myself 혼잣말을 하다 |
| **you** | [júː] | 너는 | '네가'라는 뜻으로도 쓴다. |
| **your** | [júər] | 너의 | your family name 너의 성 |
| **you** | [júː] | 너를, 너에게 | '너'라는 뜻으로도 쓴다.<br>love you 너를 사랑해 |
| **yours** | [júərz] | 너의 것 | your watch = yours |
| **yourself** | [juərsélf] | 너 자신 | introduce yourself 자기소개를 하다 |

## 확인 문제 풀기

Day 1

📝 문장을 읽고 빈칸에 들어갈 말을 쓰세요.

❶ **I** am busy.
　_____ 바빠요.

❷ **My** name is Min-su Kim.
　_____ 이름은 김민수예요.

❸ Come **with me**.
　_____ 가요.

❹ This bag is **mine**.
　이 가방은 _____예요.

❺ I often **say to myself**.
　나는 가끔 _____.

❻ **You** are busy, aren't you?
　_____는 바쁘지?

❼ **Your** family name is Park, isn't it?
　_____ 성은 박이지?

❽ I love **you**.
　나는 _____ 사랑해.

❾ Is this watch **yours**?
　이 시계는 _____ 니?

❿ Please **introduce yourself**.
　_____ 주세요.

# 02 인칭대명사 ②

| 단어 | 발음 | 뜻 | 암기요령 및 사용법 |
|---|---|---|---|
| **he** | [híː] | 그는 | '그가'라는 뜻으로도 사용한다. |
| **his** | [híz] | 그의 | his name 그의 이름 |
| **him** | [hím] | 그를, 그에게 | '그'라는 뜻으로도 사용한다.<br>with him 그와 함께 |
| **his** | [híz] | 그의 것 | his bag = his |
| **himself** | [himsélf] | 그 자신 | say to himself 혼잣말을 하다<br>said to himself 혼잣말을 했다 |
| **she** | [ʃíː] | 그녀는 | '그녀가'라는 뜻으로도 사용한다. |
| **her** | [həːr] | 그녀의 | her name 그녀의 이름 |
| **her** | [həːr] | 그녀를, 그녀에게 | '그녀'라는 뜻으로도 사용한다.<br>with her 그녀와 함께 |
| **hers** | [həːrz] | 그녀의 것 | her bike = hers |
| **herself** | [hərsélf] | 그녀 자신 | by herself (그녀) 혼자 |

## 확인 문제 풀기

**Day 1**

📝 문장을 읽고 빈칸에 들어갈 말을 쓰세요.

❶ Look at that boy. **He** is very tall.
저 아이 좀 보세요. _____ 엄청 키가 커요.

❷ Do you know **his** name?
당신은 _____ 이름을 알고 있습니까?

❸ I know **him**.
나는 _____ 알아요.

❹ This bag must be **his**.
이 가방은 _____ 임이 틀림없어요.

❺ Tony **said to himself**, "I made it!"
토니는 "해냈어!"라고 _____.

❻ There is a girl at the door. **She** is pretty.
현관에 여자애가 와 있어. _____ 예뻐.

❼ I don't know **her** name.
나는 _____ 이름을 몰라요.

❽ Do you like **her**?
당신은 _____ 좋아합니까?

❾ This bike is **hers**.
이 자전거는 _____ 입니다.

❿ Yuna lives **by herself**.
유나는 _____ 삽니다.

## 인칭대명사 ③

| 단어 | 발음 | 뜻 | 암기요령 및 사용법 |
|---|---|---|---|
| **we** | [wíː] | 우리는 | '우리가'라는 뜻으로도 사용한다. |
| **our** | [áuər] | 우리의 | our school 우리 학교 |
| **us** | [əs] | 우리를, 우리에게 | 전치사 뒤에 올 때는 '우리'로 해석. with us 우리와 함께 |
| **ours** | [áuərz] | 우리의 것 | ours의 s가 명사를 대신한다. ours = our balls |
| **ourselves** | [àuərsélvz] | 우리 자신 | enjoy ourselves 즐기다 |
| **they** | [ðéi] | 그(녀)들은 | '그(녀)들이'라는 뜻도 있다. |
| **their** | [ðeər] | 그(녀)들의 | their names 그들의 이름 |
| **them** | [ðem] | 그(녀)들을[에게] | 사람이나 사물에 모두 쓴다. |
| **theirs** | [ðéərz] | 그(녀)들의 것 | their bags = theirs |
| **themselves** | [ðèmsélvz] | 그(녀)들 자신 | introduce themselves 자기들 소개를 하다 |

## 확인 문제 풀기

**Day 1**

📝 문장을 읽고 빈칸에 들어갈 말을 쓰세요.

① We are students.
　　_____ 학생입니다.

② Our school is 10 years old.
　　_____ 학교는 창립 10주년입니다.

③ Won't you play with us?
　　_____ 놀지 않을래요?

④ These balls are ours.
　이 공들은 _____ 입니다.

⑤ We enjoyed ourselves today.
　우리는 오늘 _____.

⑥ Those boys are Americans. They are very tall.
　저 남자애들은 미국인입니다. _____ 키가 매우 큽니다.

⑦ Their names are hard to remember.
　　_____ 이름은 외우기가 어렵습니다.

⑧ We are interested in them.
　우리는 _____ 에게 관심이 있습니다.

⑨ Are these bags theirs?
　이 가방들은 _____ 입니까?

⑩ They introduced themselves.
　그(녀)들은 _____.

🎧 Track 04

# 대명사

| 단어 | 발음 | 뜻 | 암기요령 및 사용법 |
|---|---|---|---|
| **it** | [it] | 그것은 | 사물이나 동물에 쓴다.<br>It is = It's |
| **its** | [íts] | 그것의 | The cat's name is Nabi. =<br>Its name is Nabi. |
| **it** | [it] | 그것을, 그것에게 | 목적격 it이다. |
| **itself** | [itsélf] | 그(것) 자체 | by itself 저절로 |
| **they** | [ðéi] | 그것들은 | 사람에게 쓰면 '그들은' |
| **their** | [ðeər] | 그것들의 | 사람에게 쓰면 '그들의' |
| **them** | [ðem] | 그것들을[에게] | 사람에게 쓰면 '그들을[에게]' |
| **themselves** | [ðèmsélvz] | 그것들 자신 | by themselves 그것들끼리만 |

### 확인 문제 풀기

**Day 1**

📝 문장을 읽고 빈칸에 들어갈 말을 쓰세요.

❶ "What's this?" "It's Kimchi."
"이것은 무엇입니까?" "_____ 김치입니다."

❷ I have a cat. Its name is Nabi.
나는 고양이를 기르고 있습니다. _____ 이름은 나비입니다.

❸ May I open it?
[선물을 받았을 때] _____ 열어봐도 될까요?

❹ This door opens by itself.
이 문은 _____ 열립니다.

❺ These are my books. They are old.
이것들은 나의 책입니다. _____ 오래되었습니다.

❻ I have two cats. Their names are Nabi and Kitty.
나는 고양이 두 마리를 기르고 있습니다. _____ 이름은 나비와 키티입니다.

❼ I have two cats. I love them.
나는 고양이 두 마리를 기르고 있습니다. 나는 _____ 좋아합니다.

❾ I saw two wild dogs. They live by themselves.
나는 들개를 봤습니다. 그들은 _____ 살고 있습니다.

🎧 Track 05

#  '사람'을 나타내는 단어

| 단어 | 발음 | 뜻 | 암기요령 및 사용법 |
|---|---|---|---|
| **child** | [tʃáild] | 어린이, 아이 | a child 아이 한 명<br>two children 아이 두 명 |
| **adult** | [ədʌ́lt] | 어른, 성인 | an adult 어른 한 명 |
| **woman** | [wúmən] | 여자 | a woman 여자 한 명<br>two women 여자 두 명 |
| **lady** | [léidi] | 숙녀, 여성 | 이 숙녀분 = this lady<회화에서><br>this woman이라고는 하지 않는다. |
| **girl** | [gə́ːrl] | 소녀, 딸 | 여자아이를 가리키는 말이다.<br>같은 또래의 친구를 뜻하기도 한다. |
| **man** | [mǽn] | 남자 | a man 남자 한 명<br>two men 남자 두 명 |
| **boy** | [bɔ́i] | 소년, 아들 | 남자아이를 가리키는 말이다.<br>같은 또래의 친구를 뜻하기도 한다. |
| **person** | [pə́ːrsn] | 사람 | a person 한 사람<br>two people 두 사람 |
| **people** | [píːpl] | 사람들 | a person의 복수형이 people이다. |
| **friend** | [frénd] | 친구 | a boyfriend 남자친구<br>a girlfriend 여자친구 |

## 확인 문제 풀기

**Day 1**

📝 문장을 읽고 빈칸에 들어갈 말을 쓰세요.

❶ I am an only child.
나는 _____입니다.

❷ Is this magazine for adults only?
이것은 _____ 용 잡지입니까?

❸ A beautiful woman came to see me yesterday.
어제 어떤 아름다운 _____이 나를 만나러 왔습니다.

❹ This lady wants to see you.
이 _____이 당신을 만나고 싶어 하십니다.

❺ Sumi is a nice girl.
수미는 친절한 _____입니다.

❻ A strange man is looking at you.
수상한 _____가 당신을 보고 있어요.

❺ I have two boys.
나는 _____이 둘 있어요.

❻ Mina is a beautiful person.
미나는 아름다운 _____입니다.

❼ Who are those people over there?
저기 있는 저 _____은 누구입니까?

❽ May I bring a friend?
_____를 데려와도 될까요?

🎧 Track 06

# '가족, 친척'을 나타내는 단어

| 단어 | 발음 | 뜻 | 암기요령 및 사용법 |
|---|---|---|---|
| **family** | [fǽməli] | 가족 | in my family 내(나의) 가족으로는 |
| **parent** | [pɛ́ərənt] | 부모 | a parent 부모(두 분 중 한 분)<br>parents 양친(두 분) |
| **son** | [sʌ́n] | 아들 | '양자', '계승자'라는 뜻도 있다. |
| **daughter** | [dɔ́ːtər] | 딸 | '여자 자손'이라는 뜻도 있다. |
| **grandmother** | [grǽndmʌ́ðər] | 할머니, 조모 | grandfather 할아버지 |
| **sister** | [sístər] | 자매, 언니, 여동생 | an older sister 언니<br>a younger sister 여동생 |
| **brother** | [brʌ́ðər] | 형제, 형, 남동생 | an older brother 형<br>a younger brother 남동생 |
| **uncle** | [ʌ́ŋkl] | 삼촌, 숙부 | an uncle 삼촌 한 명<br>Uncle Tony 토니 삼촌 |
| **aunt** | [ǽnt] | 숙모, 고모 | two aunts 숙모 두 명<br>Aunt Judy 주디 고모 |
| **cousin** | [kʌ́zn] | 사촌 | a first cousin 사촌<br>a second cousin 육촌 |

> 확인 문제 풀기

**Day 1**

📝 문장을 읽고 빈칸에 들어갈 말을 쓰세요.

① How large is your family?
당신의 _____은 몇 명입니까?

② How are your parents?
당신의 _____은 잘 지내시죠?

③ I have two sons.
나는 _____이 둘 있습니다.

④ Your daughter is pretty, isn't she?
당신의 _____은 예쁘군요.

⑤ My grandfather on my mother's side is ninety years old.
나의 외_____는 90살이십니다.

⑥ We are sisters.
우리는 _____입니다.

⑦ My older brother is twenty and my younger brother is ten.
나의 _____은 20살이고 내 _____은 10살입니다.

⑧ Uncle Tony is a teacher.
토니 _____은 선생님입니다.

⑨ Aunt Judy is a teacher, too.
주디 _____도 선생님입니다.

⑩ I have three cousins.
나는 _____이 세 명 있습니다.

25

# 의문사

Track 07

| 단어 | 발음 | 뜻 | 암기요령 및 사용법 |
|---|---|---|---|
| what | [wát] | 무엇을 | What are you doing there?<br>너는 거기서 무엇을 하고 있니? |
| what | [wát] | 무엇이 | What is on the table?<br>그 탁자 위에 뭐가 있니? |
| what | [wát] | 무슨, 어떤 | What sport 어떤 운동 |
| which | [wítʃ] | 어느 것 | Which is your bike?<br>어느 것이 네 자전거니? |
| which | [wítʃ] | 어느 | Which bike is yours?<br>어느 자전거가 네 거니? |
| who | [húː] | 누가 | Who likes Minsu?<br>누가 민수를 좋아하니? |
| who | [húː] | 누구를 | Who does Minsu like?<br>민수는 누구를 좋아하나요? |
| whose | [húːz] | 누구의 | Whose bike is this?<br>이건 누구 자전거예요? |
| whose | [húːz] | 누구의 것 | Whose is this bike?<br>이 자전거는 누구 거예요? |
| how | [háu] | 어떻게 | How did you come here?<br>여기는 어떻게 왔어요? |
| how | [háu] | 얼마만큼 | How+형용사+의문문?/How+형용사?<br>얼마나 ~합니까? |
| how | [háu] | 정말 | How+형용사+주어+동사!/How+형용사!<br>정말 ~하구나! |

## 확인 문제 풀기

**Day 1**

📝 문장을 읽고 빈칸에 들어갈 말을 쓰세요.

① **What** are you doing there? 당신은 거기서 ____ 하고 있습니까?

② **What** is on the table? 그 탁자 위에 ____ 있습니까?

③ **What** sport do you like (the) best? 당신은 ____ 운동을 가장 좋아합니까?

④ **Which** is your bike? ____ 당신의 자전거입니까?

⑤ **Which** bike is yours? ____ 자전거가 당신의 것입니까?

⑥ **Who** likes Minsu? ____ 민수를 좋아합니까?

⑦ **Who** does Minsu like? 민수는 ____ 좋아합니까?

⑧ **Whose** bike is this? 이것은 ____ 자전거입니까?

⑨ **Whose** is this bike? 이 자전거는 ____ 입니까?

⑩ **How** did you come here? 여기는 ____ 오셨어요?

⑪ **How** old is this dictionary? 이 사전은 ____ 오래된 것입니까?

⑫ **How** old this dictionary is! 이 사전은 ____ 오래되었구나!

27

# Day 2

기본동사

## 08 함께 외워두면 좋은 동사 ①

🎧 Track 08

| 단어 | 발음 | 뜻 | 암기요령 및 사용법 |
|---|---|---|---|
| **begin** | [bigín] | 시작하다 | begin at 8 8시부터 시작하다<br>begin on Monday 월요일에 시작하다 |
| **start** | [stárt] | 시작하다 | start in April 4월부터 시작하다 |
| **end** | [énd] | 끝내다, 마치다 | How does the film end?<br>그 영화 어떻게 끝났어요? |
| **finish** | [fíniʃ] | 끝내다, 마치다 | finish에 s를 붙일 때는 es를 붙인다. |
| **get** | [gét] | (~을) 얻다, 받다 | get B from A A한테 B를 받다 |
| **give** | [gív] | (~을) 주다 | give A B A에게 B를 주다 |
| **lose** | [lú:z] | (~을) 잃다 | lose의 과거형은 lost이다. |
| **find** | [fáind] | (~을) 찾아내다 | find의 과거형은 found이다. |
| **rise** | [ráiz] | (해 등이) 뜨다 | rise in the east 동쪽에서 뜨다 |
| **set** | [sét] | (해 등이) 지다 | set in the west 서쪽으로 지다 |

## 확인 문제 풀기

📝 문장을 읽고 빈칸에 들어갈 말을 쓰세요.

**Day 2**

① My last class will **begin** at two o'clock.
나의 마지막 수업은 2시에 _____.

② My last class will **start** at two o'clock.
나의 마지막 수업은 2시에 _____.

③ My last class will **end** at three o'clock.
나의 마지막 수업은 3시에 _____.

④ My last class will **finish** at three o'clock.
나의 마지막 수업은 3시에 _____.

⑤ Then I will **get** a ticket to the concert from Tony.
그러면 저는 토니에게 그 콘서트 티켓을 _____.

⑥ Tony will **give** me a ticket to the concert.
토니는 그 콘서트 티켓을 나에게 _____.

⑦ Where did you **lose** your bag?
당신은 어디에서 가방을 _____?

⑧ Where did you **find** your bag?
당신은 어디에서 가방을 _____?

⑨ The sun **rises** in the east.
태양은 동쪽에서 _____.

⑩ The sun **sets** in the west.
태양은 서쪽에서 _____.

 Track 09

## 함께 외워두면 좋은 동사 ②

| 단어 | 발음 | 뜻 | 암기요령 및 사용법 |
|---|---|---|---|
| **forget** | [fərgét] | (~을) 잊다 | 기억이 나지 않는다는 뜻이다. |
| **remember** | [rimémbər] | (~을) 기억하다 | 생각해내다의 뜻도 있다. |
| **walk** | [wɔ́ːk] | 걷다 | al을 [오]로 발음한다. |
| **run** | [rʌ́n] | 뛰다 | un은 [언]으로 발음한다. |
| **sing** | [síŋ] | (~을) 부르다 | ing은 [잉]으로 발음한다. |
| **dance** | [dǽns] | 춤추다 | [æ]는 입모양은 '에'로 하고 '아'라고 발음한다. |
| **play** | [pléi] | 놀다 | ay는 [애]로 발음한다. |
| **work** | [wə́ːrk] | 일하다 | or은 입을 작게 벌려서 [어]로 발음한다. |
| **read** | [ríːd] | (~을) 읽다 | ea는 [이]를 길게 발음한다. |
| **write** | [ráit] | (~을) 쓰다 | write A a letter A에게 편지를 쓰다 |

## 확인 문제 풀기

📝 문장을 읽고 빈칸에 들어갈 말을 쓰세요.

**Day 2**

① I **forget** Yujin's phone number.
나는 유진이의 전화번호를 _____.

② I can't **remember** Yujin's phone number.
유진이의 전화번호가 _____ 않습니다.

③ Shall we **walk**?
우리 _____?

④ Let's **run**.
_____.

⑤ Shall we **sing** together?
우리 같이 _____?

⑥ Shall we **dance**?
우리 _____?

⑦ Shall we **play** together?
우리 같이 _____?

⑧ Don't **work** so hard.
너무 열심히 _____ 마라.

⑨ I like to **read**.
나는 _____를 좋아합니다.

⑩ Please **write** me a letter.
나에게 편지를 _____ 주세요.

## Track 10
## 함께 외워두면 좋은 동사 ③

| 단어 | 발음 | 뜻 | 암기요령 및 사용법 |
|---|---|---|---|
| **succeed** | [səksíːd] | 성공하다 | succeed in the test<br>그 시험에 합격하다 |
| **fail** | [féil] | (~에) 실패하다 | fail in ~ (사업 등)에 실패하다<br>fail the test 시험에 떨어지다 |
| **sit** | [sít] | 앉다 | sit down은 '서 있다가 앉다'는 뜻. |
| **stand** | [stǽnd] | 서다 | stand up은 '앉았다가 서다'는 뜻. |
| **sell** | [sél] | (~을) 팔다 | sell에는 '팔리다'는 뜻도 있다. |
| **buy** | [bái] | (~을) 사다 | uy는 [아이]로 발음한다. |
| **ask** | [ǽsk] | (~을) 묻다 | ask you a question<br>당신에게 질문하다 |
| **answer** | [ǽnsər] | (~에) 답하다 | 전화(the phone)나 문(the door)에<br>응답할 때도 answer를 사용한다. |
| **open** | [óupən] | (~을) 열다 | o△e는 [오우]라고 발음한다. |
| **close** | [klóuz] | (~을) 닫다 | Close your eyes. 눈을 감아라. |

## 확인 문제 풀기

📝 문장을 읽고 빈칸에 들어갈 말을 쓰세요.

① I hope you will succeed.
당신은 _____것이라고 생각합니다.

② Everyone fails once or twice.
누구나 한두 번은 _____.

③ Please sit down.
_____.

④ Please stand up.
_____.

⑤ Tony sells bikes.
토니는 자전거를 _____.

⑥ I like to buy books.
나는 책 _____을 좋아합니다.

⑦ May I ask your name?
이름을 _____ 될까요?

⑧ Please answer my questions.
제 질문에 _____ 주세요.

⑨ May I open it?
그것을 _____ 될까요?

⑩ Please close the door.
그 문을 _____ 주세요.

🎧 Track 11

# 함께 외워두면 좋은 동사 ④

| 단어 | 발음 | 뜻 | 암기요령 및 사용법 |
|---|---|---|---|
| **spend** | [spénd] | (~을)쓰다, 보내다 | spend A ~ing A를 ~하는데 쓰다 |
| **save** | [séiv] | (~을) 절약하다 | a△e는 [에이]로 발음한다. |
| **lend** | [lénd] | (~을) 빌려주다 | lend A B A에게 B를 빌려주다 |
| **borrow** | [bárou] | (~을) 빌리다 | borrow B from A A에게 B를 빌리다 |
| **break** | [bréik] | (~을) 깨뜨리다 | ea는 [에이]라고 발음한다. |
| **build** | [bíld] | (~을) 짓다 | 발음기호 [I]은 혀를 입천장 뒤쪽에 붙여서 발음한다. |
| **cook** | [kúk] | (~을) 요리하다 | 불을 사용하여 요리하다는 뜻. |
| **eat** | [í:t] | (~을) 먹다 | ea는 [이-]로 발음한다. |
| **leave** | [lí:v] | (~을) 출발하다 | leave A A를 출발하다 |
| **arrive** | [əráiv] | 도착하다 | arrive [at, in] A A에 도착하다 지점을 나타낼 때는 at, 넓은 곳은 in. |

## 확인 문제 풀기

📝 문장을 읽고 빈칸에 들어갈 말을 쓰세요.

**Day 2**

① Why don't you **spend** a little more time studying?
공부에 좀 더 시간을 _____것이 어때?

② I try to **save** water.
물을 _____ 위해 노력하고 있어요.

③ Could you **lend** me ten thousand won?
10,000원만 좀 _____ 수 있어요?

④ May I **borrow** ten thousand won?
10,000원만 좀 _____ 수 있어요?

⑤ Don't **break** this pen.
이 펜을 _____ 마세요.

⑥ I'm going to **build** a house in Busan.
나는 부산에 집을 _____ 예정입니다.

⑦ I don't like to **cook**.
나는 _____을 좋아하지 않습니다.

⑧ I like to **eat**.
나는 _____을 좋아합니다.

⑨ It's time to **leave** home.
집을 _____시간입니다.

⑩ Tony will **arrive** there soon.
토니는 곧 그곳에 _____ 것입니다.

# 12. 틀리기 쉬운 동사 ①

🎧 Track 12

| 단어 | 발음 | 뜻 | 암기요령 및 사용법 |
|---|---|---|---|
| **see** | [síː] | (~을) 보다 | 눈에 들어오는 것을 보다. |
| **watch** | [wátʃ] | (~을) 보다 | 움직이는 사물을 주의 깊게 보다. |
| **look at** | [lukət] | (~을) 보다 | 얼굴을 돌려 한 곳을 주시하다. |
| **meet** | [míːt] | (~을) 만나다 | 처음 만나는 경우 사용한다. |
| **see** | [síː] | (~을) 만나다 | 두 번 이상 만난 경우에 사용한다. |
| **help** | [hélp] | (~을) 돕다 | '거들다'의 뜻으로도 사용한다. |
| **save** | [séiv] | (~을) 구하다 | 죽음이나 위험으로부터 구하다. |
| **take** | [téik] | (~을) 잡다 | '~을 손에 잡다'의 뜻이다. |
| **get** | [gét] | (~을) 손에 넣다 | '~을 받다'라는 뜻도 있다. |
| **receive** | [risíːv] | (~을) 받다 | 일방적으로 온 물건을 수령하다. |

## 확인 문제 풀기

**Day 2**

📝 문장을 읽고 빈칸에 들어갈 말을 쓰세요.

① You can see Mt. Halla from here.
여기서 한라산을 _____ 수 있습니다.

② I like to watch TV.
나는 텔레비전 _____을 좋아합니다.

③ Look at me.
나를 _____.

④ It's nice to meet you.
_____ 반가워요.

⑤ It's nice to see you again.
다시 _____ 반가워요.

⑥ Do you want me to help you?
제가 _____ 드릴까요?

⑦ I want to save that cat's life.
그 고양이의 목숨을 _____ 싶다.

⑧ I want to take Judy's hand.
주디의 손을 _____ 싶다.

⑨ I want to get a driver's license.
운전면허를 _____ 싶다.

⑩ I received a letter from Kent.
켄트한테서 편지를 _____.

## 틀리기 쉬운 동사 ②

| 단어 | 발음 | 뜻 | 암기요령 및 사용법 |
|---|---|---|---|
| **study** | [stʌ́di] | (~을) 공부하다 | study hard 열심히 공부하다 |
| **learn** | [lə́:rn] | (~을) 배우다 | 배운 결과 알게된다는 뜻이다. |
| **have** | [hǽv] | (~을) 가지고 있다 | 가지고 있는 상태를 나타낸다. |
| **hold** | [hóuld] | (~을) 가지다, 쥐다 | '손에 잡다'라는 동작을 나타낸다. |
| **go to bed** | [góu tə béd] | 자다 | '바닥에 누워 있는' 상태를 나타낸다. |
| **sleep** | [slí:p] | 자다, 잠자다 | '자는' 상태를 나타낸다. |
| **bring** | [bríŋ] | (~을) 가져오다 | 물건이 오가는 상황. |
| **take** | [téik] | (~을) 취하다 | '다른 장소로 가져 가다'의 뜻도 있다. |
| **come** | [kʌ́m] | 오다, 가다 | 상대방이 있는 장소에 갈 때도 쓴다. |
| **go** | [góu] | 가다 | 가장 일반적인 뜻의 '가다' |

### 확인 문제 풀기

Day 2

문장을 읽고 빈칸에 들어갈 말을 쓰세요.

❶ I want to study English.
   영어를 _____ 싶다.

❷ I want to learn English.
   영어를 _____ 싶다.

❸ I have a CD player.
   CD플레이어를 _____.

❹ That boy is holding a CD player.
   그 아이는 CD플레이어를 _____ 있습니다.

❺ I go to bed at ten.
   나는 10시에 _____.

❻ I always sleep for eight hours.
   나는 언제나 8시간을 _____.

❼ Then I will bring you your umbrella.
   그러면 제가 (당신에게) 당신의 우산을 _____.

❽ Then I will take Yumi this umbrella.
   그러면 제가 유미에게 이 우산을 _____.

❾ Then I will come to your house.
   그러면 제가 당신의 집으로 _____.

❿ Then I will go to Mr. Kim's house.
   그러면 제가 김 선생님의 집으로 _____.

## Track 14
## 틀리기 쉬운 동사 ③

| 단어 | 발음 | 뜻 | 암기요령 및 사용법 |
|---|---|---|---|
| **find out** | [fáindáut] | (~을) 알아내다 | 알아내는 동작을 나타낸다. |
| **know** | [nóu] | (~을) 알고 있다 | 상태를 나타낸다. |
| **get** | [gét] | (~을) 손에 넣다 | 동작을 나타낸다. |
| **have** | [hǽv] | (~을) 가지고 있다 | 상태를 나타낸다. |
| **get on** | [gétɔːn] | (~에) 타다 | 동작을 나타낸다. |
| **ride away** | [raidəwéi] | (~을) 타고 가버리다 | 상태를 나타낸다. ride의 과거형은 rode이다 |
| **fall in love with** | [fɔːlin lʌv wið] | (~와) 사랑에 빠지다 | 동작을 나타낸다. |
| **be in love with** | [biin lʌv wið] | (~와) 사랑하고 있다 | 상태를 나타낸다. |
| **join** | [dʒɔ́in] | (~에) 가입하다 | 참가하는 동작을 나타낸다. |
| **belong to** | [bilɔ́ːŋ tə] | (~에) 속하다 | 상태를 나타낸다. |

## 확인 문제 풀기

Day 2

📝 문장을 읽고 빈칸에 들어갈 말을 쓰세요.

① I found out your secret.
당신의 비밀을 _____.

② I know your secret.
당신의 비밀을 _____.

③ I got a watch from Mr. Hong
홍 선생님께 손목시계를 _____.

④ I still have the watch.
아직 그 손목시계를 _____.

⑤ Tony got on his bike.
토니는 자전거에 _____.

⑥ Tony rode away.
토니는 _____.

⑦ I fell in love with Sumi.
나는 수미와 _____.

⑧ I am still in love with Sumi.
나는 여전히 수미와 _____.

⑨ Yujin joined the flower arrangement club.
유진이는 꽃꽂이부에 _____.

⑩ Yujin belongs to the flower arrangement club.
유진이는 꽃꽂이부에 _____.

## 혼동하기 쉬운 동사

| 단어 | 발음 | 뜻 | 암기요령 및 사용법 |
|---|---|---|---|
| teach | [tíːtʃ] | (~을) 가르치다 | 돈을 받고 가르치다 |
| tell | [tél] | (~을) 가르쳐주다 | 돈을 받지 않고 가르쳐주다 |
| show | [ʃóu] | 길을 가르쳐주다 | 지도를 그려주거나 직접 안내하다 |
| speak | [spíːk] | (~을) 말하다 | 지껄이다, 많은 사람에게 말하다 |
| talk | [tɔ́ːk] | 이야기하다 | 몇 사람 앞에서 가볍게 말하다 |
| say | [séi] | (~라고) 말하다 | 입 밖으로 내서 말하다 |
| hear | [híər] | 듣다, 들리다 | 자연스럽게 귀에 들려오다 |
| listen to | [lísn tə] | (~을) 듣다 | 주의하여 듣다 |
| put | [pút] | (~을) 놓다 | 어떤 장소 혹은 상태로 이동시키다 |
| set | [sét] | (~을) 놓다 | 일정한 장소, 혹은 상태에 두다 |

## 확인 문제 풀기

📝 문장을 읽고 빈칸에 들어갈 말을 쓰세요.

**Day 2**

① Please **teach** me English.
저에게 영어를 _____ 주세요.

② Could you **tell** me the way to Gyeongbokgung?
저에게 경복궁 가는 길을 _____ 주시겠습니까?

③ Could you **show** me the way to Gyeongbokgung?
저에게 경복궁 가는 길을 _____ 주시겠습니까?

④ I can **speak** English.
영어를 _____ 수 있습니다.

⑤ Shall we **talk** on the phone?
전화로 _____ 까요?

⑥ I have to **say** good-bye.
저는 작별 인사를 _____ 합니다.

⑦ Can you **hear** me?
내 말이 _____ ?

⑧ **Listen to** me.
내 말을 _____ 봐.

⑨ Where should I **put** this plant?
이 식물을 어디에 _____ 까요?

⑩ **Set** this plant in that corner.
저쪽 구석에 이 식물을 _____ 주세요.

45

## Track 16
# 동작이나 상태를 나타내는 동사 ①

| 단어 | 발음 | 뜻 | 암기요령 및 사용법 |
|---|---|---|---|
| **like** | [láik] | (~을) 좋아하다 | love 사랑하다, 좋아하다 |
| **think** | [θiŋk] | (~라고) 생각하다 | 'think that 주어 + 동사'로 쓰는데 구어에서는 that을 생략하기도 한다. |
| **hope** | [hóup] | (~을) 바라다 | I hope you will like this. 네 마음에 들었으면 좋겠어. |
| **believe** | [bilíːv] | (~을) 믿다 | 'believe that 주어 + 동사'로 쓰는데 구어에서는 that을 생략한다. |
| **live** | [lív] | 살다 | live in Seoul 서울에 살다 |
| **seem** | [síːm] | ~인 것 같다 | 실제로 보고, 듣고, 느껴서 ~처럼 보이는[생각되는] 것을 말한다. |
| **look** | [lúk] | ~처럼 보이다 | It looks like rain. 비가 올 것 같다. You look happy. 너는 행복해 보여. |
| **sound** | [sáund] | 생각되다 | sound interesting 재밌을 것 같아. sound like an interesting idea. 재밌는 생각 같아. |
| **taste** | [téist] | 맛이 나다 | taste like[of] lemon 레몬과 같은 맛이 난다 |
| **agree** | [əgríː] | 동의하다 | agree with your opinion = agree with you 너의 의견에 동의한다 |

## 확인 문제 풀기

**Day 2**

📝 문장을 읽고 빈칸에 들어갈 말을 쓰세요.

① I like cats.
고양이를 _____.

② I think cats are cute.
고양이가 귀엽다고 _____.

③ I hope Minho calls.
민호가 전화를 해주기를 _____.

④ I believe you will pass the test.
나는 네가 그 시험에 합격할 것이라 _____.

⑤ I live in Seoul.
나는 서울에 _____.

⑥ It seems hot, doesn't it?
더운 것 _____?

⑦ It looks like rain, doesn't it?
비가 올 것 _____.

⑧ That sounds like an interesting idea.
그것 재미있는 생각 _____.

⑨ This tastes like lemon.
이건 레몬과 _____.

⑩ I agree with your opinion.
저는 당신의 의견_____.

🎧 Track 17

# 동작이나 상태를 나타내는 동사 ②

| 단어 | 발음 | 뜻 | 암기요령 및 사용법 |
|---|---|---|---|
| **put on** | [pútɔːn] | (~을) 입다, 걸치다 | put on A = put A on<br>~을 몸에 걸치는 동작을 나타낸다. |
| **wear** | [wɛ́ər] | (~을) 입고 있다 | 평소의 상태를 나타낸다.<br>지금 상태만 나타낼 때는 be wearing. |
| **have on** | [hævɔ́ːn] | (~을) 입고 있다 | have on A = have A on<br>~을 몸에 걸치고 있다(현재 상태) |
| **go to bed** | [gou tə béd] | 자다 | '잠자리에 들다'는 뜻이다.<br>sleep은 자는 상태를 나타낸다. |
| **become** | [bikʌ́m] | (~이) 되다 | 변화를 나타낸다. |
| **am** | [əm] | ~이다 | (1인칭에만 사용)상태를 나타낸다. |
| **catch** | [kætʃ] | (~을) 잡다 | catch a cold 감기에 걸리다<br>과거형은 caught |
| **have** | [hæv] | (~을) 갖고 있다 | have a cold 감기에 걸려 있다 |
| **learn** | [lə́ːrn] | (~을) 배우다 | 지식을 습득하다 |
| **know** | [nóu] | (~을) 알고 있다 | 지식을 보유하고 있는 상태를 나타낸다. |

## 확인 문제 풀기

문장을 읽고 빈칸에 들어갈 말을 쓰세요.

**Day 2**

① I put on my tie at home.
집에서 넥타이를 _____.

② I am wearing my tie.
넥타이를 _____.

③ I have my tie on.
넥타이를 _____.

④ I always go to bed at ten.
항상 10시에 _____.

⑤ I became a teacher in 1980.
나는 1980년에 교사가 _____.

⑥ I am still a teacher.
나는 여전히 교사_____.

⑦ I caught a cold yesterday.
어제 감기에 _____.

⑧ I still have a cold.
지금도 감기에 _____.

⑨ I learned a little Chinese.
중국어를 약간 _____.

⑩ I still know a little Chinese.
아직도 약간의 중국어를 _____.

🎧 Track 18

# 조동사 ① 평서문의 경우

| 단어 | 발음 | 뜻 | 암기요령 및 사용법 |
|---|---|---|---|
| **will** | [wil] | ~할 작정이다 | Then I will ~<br>그러면 저는 ~하겠습니다 |
| **be going to** | [biːgóuiŋ tə] | ~할 것(예정)이다 | I'm going to ~<br>~하기로 이미 정해놓았을 때 |
| **can** | [kən] | ~할 수 있다 | can+동사일 때는 [켄]으로 발음한다. |
| **be able to** | [biːéibl tə] | ~할 수 있다 | I can swim< I am able to swim.<br>능력을 강조한 표현이다. |
| **must** | [məst] | ~해야 한다 | 자신의 의지로 꼭 해야 한다는 뜻. |
| **have to** | [hæv tə] | ~해야 한다 | 주위의 사정 때문에 해야 할 경우 |
| **may** | [mei] | ~해도 좋다 | You may leave. 가도 좋아. |
| **should** | [ʃud] | ~해야 한다 | must, have to보다는 부드럽지만 정중한 표현은 아니다. |
| **need to** | [níːd tə] | ~할 필요가 있다 | I need to study.<br>나는 공부를 해야 할 필요가 있다. |

## 확인 문제 풀기

📝 문장을 읽고 빈칸에 들어갈 말을 쓰세요.

① Then I **will** stay at some hotel.
그러면 저는 어느 호텔엔가 머물_____.

② I **am going to** stay at the Hilton Hotel.
저는 힐튼 호텔에 머무를 _____.

③ I **can** swim.
난 수영을 _____ 있어요.

④ I **am able to** swim.
난 수영을 _____ 있어요.

⑤ I **must** see Sujung.
나는 수정이를 _____.

⑥ I **have to** go to school at eight thirty.
8시 반까지 학교에 _____.

⑦ You **may** leave.
집에 가도 _____.

⑧ You **should** take the subway.
지하철을 _____.

⑨ You **need to** study more.
넌 공부를 좀 더 해야 할 _____.

🎧 **Track 19**

# 조동사 ② 의문사의 경우

| 단어 | 발음 | 뜻 | 암기요령 및 사용법 |
|---|---|---|---|
| **Will you** | [wilju:] | 네가 ~해 주겠니? | 윗사람이 아랫사람에게 사용한다. |
| **Can you** | [kænju:] | 네가 ~해 줄래? | 친한 사람에게 사용한다. |
| **Could you** | [kuʒdu:] | ~해주시겠어요? | 부탁할 때 사용하는 정중한 표현 |
| **Would you** | [wuʒdu:] | ~해주시겠어요? | Would you ~? = Could you ~? |
| **Can I** | [kænai] | ~해도 될까요? | 친한 사람에게 사용한다. |
| **May I** | [mei ai] | ~해도 괜찮을까요? | Can I ~?보다 정중한 느낌을 준다. 허가를 받을 때 사용하는 표현. |
| **Should I** | [ʃudai] | 제가 ~할까요? | 제가 ~하는 게 좋겠습니까? |
| **Shall I** | [ʃælai] | 제가 ~할까요? | 공식적인 자리에서 사용하는 표현. |
| **Must I** | [mʌstai] | 제가 ~해야하나요? | = Do I have to ~? |

## 확인 문제 풀기

Day 2

📝 문장을 읽고 빈칸에 들어갈 말을 쓰세요.

① **Will you** open the window?
창문을 열어 _____?

② **Can you** open the window?
창문을 열어 _____?

③ **Could you** open the window?
창문을 열어 _____?

④ **Would you** open the window?
창문을 열어 _____?

⑤ **Can** I open the window?
제가 창문을 열어도 _____?

⑥ **May** I open the window?
제가 창문을 열어도 _____?

⑦ **Should** I open the window?
제가 창문을 _____?

⑧ **Shall** I open the window?
제가 창문을 _____?

⑨ **Must** I open the window?
제가 창문을 열어야 _____?

# Day 3

월    일

## 일상생활에서 자주 사용하는 기본단어

 Track 20

# 월

| 단어 | 발음 | 뜻 | 암기요령 및 사용법 |
|---|---|---|---|
| **January** | [dʒǽnjuèri] | 1월 | ary는 [어리]에 가깝게 발음한다. |
| **February** | [fébruèri] | 2월 | 미국 영어에서는 r음을 생략하여 [페브어리]로 발음한다. |
| **March** | [mɑ́ːrtʃ] | 3월 | ar은 [아-ㄹ]라고 발음한다. |
| **April** | [éipril] | 4월 | ril은 [럴]에 가깝게 발음한다. |
| **May** | [méi] | 5월 | ay는 [에이]라고 발음한다. |
| **June** | [dʒúːn] | 6월 | u△e는 [유-]라고 발음한다. |
| **July** | [dʒuːlái] | 7월 | ly는 [라-이]라고 발음한다. |
| **August** | [ɔ́ːgəst] | 8월 | au는 [오-]라고 발음한다. |
| **September** | [septémbər] | 9월 | tem은 [템]이라고 발음한다. |
| **October** | [ɑktóubər] | 10월 | o△e는 [오-우]라고 발음한다. |
| **November** | [nouvémbər] | 11월 | No + vem + ber로 나눠서 외우자. |
| **December** | [disémbər] | 12월 | De + cem + ber로 나눠서 외우자. |

## 확인 문제 풀기

문장을 읽고 빈칸에 들어갈 말을 쓰세요.

① Seollal is January (the) first in the lunar calendar.
설날은 음력 _____ 1일입니다.

② February has twenty-nine days in a leap year.
_____은 윤년에는 29일이 있습니다.

③ March (the) first is Samiljeol. _____ 1일은 삼일절입니다.

④ April (the) first is April Fool's Day. _____ 1일은 만우절입니다.

⑤ May (the) fifth is Children's Day. _____ 5일은 어린이날입니다.

⑥ June is in the rainy season. _____ 장마철입니다.

⑦ Chilseok is July (the) seventh in the lunar calendar.
칠월칠석은 음력 _____ 7일입니다.

⑧ Chuseok is August (the) fifteenth in the lunar calendar.
추석은 음력 _____ 15일입니다.

⑨ We enjoy watching the moon around September (the) fifteenth. 우리는 _____ 15일경에 달 구경을 합니다.

⑩ Halloween is October (the) thirty-first, isn't it?
할로윈은 _____ 31일이지요?

⑪ Scholastic ability test is conducted in November.
수학능력시험은 _____ 에 시행된다.

⑫ Christmas Day is December (the) twenty-fifth.
크리스마스는 _____ 25일입니다.

Day 3

57

🎧 Track 21
# 요일, 계절

| 단어 | 발음 | 뜻 | 암기요령 및 사용법 |
|---|---|---|---|
| **Sunday** | [sʌ́ndei] | 일요일 | un은 [언]이라고 발음한다. |
| **Monday** | [mʌ́ndei] | 월요일 | on은 [언]이라고 발음한다. |
| **Tuesday** | [tjúːzdei] | 화요일 | ue는 [유-]라고 발음한다. |
| **Wednesday** | [wénzdei] | 수요일 | d는 발음하지 않는다. |
| **Thursday** | [θə́ːrzdei] | 목요일 | ur은 입을 작게 벌려 [어-]라고 발음한다. |
| **Friday** | [fráidei] | 금요일 | Fri는 [프라이]라고 발음한다. |
| **Saturday** | [sǽtərdei] | 토요일 | ur은 입을 작게 벌려 [어]라고 발음한다. |
| **spring** | [spríŋ] | 봄 | ing는 [잉]이라고 발음한다. |
| **summer** | [sʌ́mər] | 여름 | su[서] 부분에 강세가 있다. |
| **fall** | [fɔ́ːl] | 가을 | all은 [올]이라고 발음한다. |
| **winter** | [wíntər] | 겨울 | [위너]라고 읽기도 한다. |

## 확인 문제 풀기

Day 3

📝 문장을 읽고 빈칸에 들어갈 말을 쓰세요.

① Yunsu goes fishing every Sunday.
윤수는 매주 _____ 에 낚시를 하러 갑니다.

② Mina gets up early on Mondays.
미나는 매주 _____ 에 일찍 일어납니다.

③ Doyun plays tennis on Tuesdays.
도윤이는 매주 _____ 에 테니스를 칩니다.

④ Tony goes for a ride every Wednesday.
토니는 매주 _____ 에 승마를 하러 갑니다.

⑤ Younghee practices playing piano every Thursday.
영희는 매주 _____ 에 피아노 연습을 합니다.

⑥ Sumi goes dancing every Friday.
수미는 매주 _____ 에 댄스를 하러 갑니다.

⑦ Yunju and her boyfriend date on Saturdays.
윤주와 남자친구는 매주 _____ 에 데이트를 합니다.

⑧ There are many kinds of flowers in spring.
_____ 에는 여러 종류의 꽃이 핍니다.

⑨ Many people go swimming in the sea in summer.
_____ 에는 많은 사람들이 바다로 수영을 하러 갑니다.

⑩ Fall is a good season for reading.
_____ 은 독서하기 좋은 계절입니다.

⑪ Many people go skiing in winter.
_____ 에는 많은 사람들이 스키를 타러 갑니다.

59

## Track 22

# '시간'을 나타내는 단어 ①

| 단어 | 발음 | 뜻 | 암기요령 및 사용법 |
|---|---|---|---|
| **today** | [tədéi] | 오늘 | 명사와 부사역할을 한다. |
| **tomorrow** | [təmɔ́:rou] | 내일 | Tomorrow is ~는 달력상의 특별한 날을 가리킨다. |
| **yesterday** | [jéstərdèi] | 어제 | today, tomorrow, yesterday는 명사와 부사역할을 한다. |
| **week** | [wíːk] | 주 | three times a week 1주일에 3번(회) |
| **month** | [mʌ́nθ] | 월 | once a month 한 달에 한 번 |
| **year** | [jíər] | 년 | once a year 1년에 한 번 |
| **age** | [éidʒ] | 연령 | a△e는 [에이]라고 발음한다. |
| **future** | [fjúːtʃər] | 미래 | the future 미래 |
| **past** | [pǽst] | 과거 | the past 과거 |
| **century** | [séntʃəri] | 세기 | the twenty-first century 21세기 |

## 확인 문제 풀기

문장을 읽고 빈칸에 들어갈 말을 쓰세요.

① Today is my birthday.
   _____은 내 생일입니다.

② Tomorrow is Doyun's Birthday.
   _____은 도윤이의 생일입니다.

③ Yesterday was Sujung's Birthday.
   _____는 수정이의 생일이었습니다.

④ I come here three times a week.
   나는 이곳을 _____에 세 번씩 옵니다.

⑤ I play tennis once a month.
   나는 _____에 한 번 테니스를 칩니다.

⑥ I go to London once a year.
   나는 _____에 한 번 런던에 갑니다.

⑦ Don't ask my age.
   내 _____를 묻지 마세요.

⑧ My dream for the future is to be a pilot.
   내 _____의 꿈은 파일럿이 되는 것입니다.

⑨ We can't go back to the past.
   우리는 _____로 돌아갈 수 없어요.

⑩ I love the twenty-first century.
   나는 _____를 좋아합니다.

## 23. '시간'을 나타내는 단어 ②

Track 23

| 단어 | 발음 | 뜻 | 암기요령 및 사용법 |
|---|---|---|---|
| **date** | [déit] | 날짜 | a△e는 [에이]라고 발음한다. |
| **day** | [déi] | 날, 요일 | on a nice day 어떤 맑은 날에 |
| **morning** | [mɔ́ːrniŋ] | 아침, 오전 | in the morning 오전 중에<br>midnight부터 noon까지를 말한다. |
| **noon** | [núːn] | 정오 | at noon 정오에 |
| **afternoon** | [æftərnúːn] | 오후 | in the afternoon 오후에 |
| **evening** | [íːvniŋ] | 저녁, 밤 | in the evening 저녁에<br>evening은 자정 이전까지. |
| **night** | [náit] | 밤 | at night 밤에<br>night도 자정까지. |
| **midnight** | [mídnàit] | 한밤중 | at midnight 한밤중에 |
| **time** | [táim] | 시간 | 시간적인 여유, 즉 '여가'를 말한다. |
| **hour** | [áuər] | 시간 | an hour 1시간<br>for two hours 2시간 동안 |
| **minute** | [mínit] | 분 | in a few minutes 2, 3분 안으로 |

## 확인 문제 풀기

문장을 읽고 빈칸에 들어갈 말을 쓰세요.

❶ Write today's date.
오늘 _____를 쓰세요.

❷ What day is it today?
오늘은 무슨 _____입니까?

❸ I will be out all morning.
나는 _____ 내내 외출해 있을 것입니다.

❹ In Korea we have lunch at noon.
한국에서는 _____에 점심을 먹습니다.

❺ I usually go shopping on Sunday afternoons.
나는 보통 일요일 _____에 쇼핑을 갑니다.

❻ Will you be busy tomorrow evening?
당신은 내일 _____ 에 올 수 있습니까?(내일 저녁에 바쁘세요?)

❼ At night I watch TV.
_____에 나는 텔레비전을 봅니다.

❽ At midnight I go to bed. _____ 에 나는 잡니다.

❾ It's time! _____가 왔다!

❿ I'll be back in an hour. _____ 안으로 돌아오겠습니다.

⓫ I'll be back in a few minutes.
2, 3_____ 안으로 돌아오겠습니다.

Day 3

63

🎧 Track 24

## 24 집

| 단어 | 발음 | 뜻 | 암기요령 및 사용법 |
|---|---|---|---|
| **house** | [háus] | 집 | house는 사거나 팔 수 있는 건물을 말한다. |
| **home** | [hóum] | 집, 가정 | at home 집에, 집에서 |
| **room** | [rú:m] | 방 | oo는 [우-]라고 발음한다. |
| **window** | [wíndou] | 창문 | wind 바람 / window 창문 |
| **front door** | [fránt dɔ́:r] | 현관 | at the (front) door 현관에<br>on~은 [언]이라고 발음한다. |
| **kitchen** | [kítʃən] | 부엌 | in the kitchen 부엌에 |
| **living room** | [líviŋ rú:m] | 거실 | in the living room 거실에 |
| **bedroom** | [béd rú:m] | 침실 | bed(침대) + room(방) = 침대 방 |
| **flower garden** | [fláuər gá:rdn] | 화단 | 미국에서 garden은 '채소밭'이나 '과수원'을 뜻하는 경우가 많다. |
| **front yard** | [fránt já:rd] | 앞뜰 | a front yard 앞뜰<br>a back yard 뒤뜰 |

## 확인 문제 풀기

📝 문장을 읽고 빈칸에 들어갈 말을 쓰세요.

❶ I live in a three-story house.
나는 3층 _____에서 살고 있습니다.

❷ Then I will be at home tomorrow.
그러면 저는 내일 _____ 있겠습니다.

❸ This room is beautiful, isn't it?
이 _____은 아름답군요.

❹ You can see Mt.Halla from the window.
그 _____에서 한라산을 볼 수 있어요.

❺ There is someone at the (front) door.
_____에 누군가가 와 있어요.

❻ My mother is in the kitchen.
제 어머니는 _____에 계십니다.

❼ I study in the living room.
나는 _____에서 공부를 합니다.

❽ Our house has four bedrooms.
우리 집에는 _____이 네 개 있습니다.

❾ Our house has a flower garden.
우리 집에는 _____이 있습니다.

❿ Our house has a big front yard.
우리 집에는 큰 _____이 있습니다.

🎧 Track 25

## 음식

| 단어 | 발음 | 뜻 | 암기요령 및 사용법 |
|---|---|---|---|
| **rice** | [ráis] | 쌀, 밥 | i△e는 [아이]라고 발음한다. |
| **bread** | [bréd] | 빵 | ea는 [에]라고 발음한다. |
| **egg** | [ég] | 달걀 | a boiled egg 삶은 달걀 1개<br>boiled eggs 2개 이상의 삶은 달걀 |
| **salad** | [sǽləd] | 샐러드 | a fruit salad 과일 샐러드 |
| **soup** | [súːp] | 수프 | ou는 [우]로 읽는다. |
| **vegetable** | [védʒətəbl] | 채소 | vegetable은 셀 수 있는 명사이므로 s를 붙일 수 있다. |
| **fruit** | [frúːt] | 과일 | two pieces of fruit 과일 두 조각<br>two fruit 두 종류의 과일 |
| **apple** | [ǽpl] | 사과 | apple의 [pl]은 [플]이라고 발음한다. |
| **orange** | [ɔ́ːrindʒ] | 오렌지 | a mandarine orange 귤 하나 |
| **banana** | [bənǽnə] | 바나나 | a banana 바나나 하나<br>a bunch of bananas 바나나 한 송이 |

## 확인 문제 풀기

📝 문장을 읽고 빈칸에 들어갈 말을 쓰세요.

❶ I like rice very much.
　나는 _____을 아주 좋아합니다.

❷ I eat some bread every morning.
　매일 아침 약간의 _____을 먹습니다.

❸ I like boiled eggs.
　나는 삶은 _____을 좋아합니다.

❹ I always have a fruit salad for dinner.
　나는 항상 저녁 식사로 과일 _____를 먹습니다.

❺ Your soup is on.
　_____가 다 만들어졌습니다.

❻ I am fond of vegetables.
　나는 _____를 좋아합니다.

❼ I love fruit.
　나는 _____을 아주 좋아합니다.

❽ These apples keep well.
　이 _____들은 오래갑니다.

❾ These oranges are very good.
　이 _____들은 아주 맛있습니다.

❿ I eat a banana a day.
　나는 하루에 하나씩 _____를 먹습니다.

## Track 26
## 26 신체

| 단어 | 발음 | 뜻 | 암기요령 및 사용법 |
|---|---|---|---|
| **head** | [héd] | 머리 | Don't put your head out of the window.<br>창밖으로 머리를 내밀지 마시오. |
| **hair** | [hɛ́ər] | 머리카락 | a hair 머리카락 한 올<br>have black hair 검은 머리카락이다 |
| **ear** | [íər] | 귀 | 양쪽 귀는 ears. |
| **nose** | [nóuz] | 코, 직감력 | have a good nose for~<br>(탐정 등이) 냄새를 잘 맡다 |
| **eye** | [ai] | 눈 | 양쪽 눈은 eyes. have an eye for painting 그림을 보는 눈이 있다 |
| **mouth** | [máuθ] | 입 | My mouth is watering.<br>입안에 군침이 도는군요. |
| **finger** | [fíŋgər] | 손가락 | finger의 ger는 [거]로 발음하지만, singer의 ger는 [어]라고 발음한다. |
| **face** | [féis] | 얼굴 | have a cute face 얼굴이 귀엽다 |
| **leg** | [lég] | 다리 | 엉덩이에서 발목까지를 말한다. |
| **foot** | [fút] | 발 | 복숭아뼈 아랫부분을 말한다.<br>a foot 한쪽 발, feet 양쪽 발 |

### 확인 문제 풀기

문장을 읽고 빈칸에 들어갈 말을 쓰세요.

❶ My head is swimming.
(너무 많이 외우거나 해서) _____가 돌겠어요.

❷ You have beautiful hair, don't you?
당신의 _____은 참 아름답군요.

❸ My ear is ringing.
_____가 울려요.

❹ You have beautiful eyes, don't you?
_____이 참 예쁘군요.

❺ I have a good nose for something like this.
저는 이런 일에는 _____를 잘 맡아요.

❻ My mouth is watering.
_____ 안에 군침이 도는군요.

❼ You have long fingers, don't you?
_____이 참 길군요.

❽ Yumi has a cute face, doesn't she?
유미 _____은 참 귀여워요, 그렇죠?

❾ I have weak legs.
난 _____가 약해요.

❿ Someone stepped on my left foot.
누군가 내 왼_____을 밟았다.

# 27. 커뮤니케이션에 관한 단어

🎧 Track 27

| 단어 | 발음 | 뜻 | 암기요령 및 사용법 |
|---|---|---|---|
| **communication** | [kəmjuːnəkéiʃən] | 의사소통 | a communication tool<br>의사소통 도구 |
| **speech** | [spíːtʃ] | 스피치, 연설 | a five-minute speech 5분 스피치 |
| **language** | [læŋgwidʒ] | 언어, 말씨 | speak two languages 2개 국어를 하다<br>Watch your languate. 말조심해라 |
| **gesture** | [dʒéstʃər] | 몸짓, 제스처 | use gesture 제스처를 사용하다 |
| **letter** | [létər] | 편지 | Are there any letters for me?<br>저에게 온 편지가 있나요? |
| **mail** | [méil] | 우편 | mail은 셀 수 없는 명사이다.<br>Is there any mail for me?<br>저에게 온 우편물이 있습니까? |
| **e-mail** | [íːmèil] | 이메일 | an e-mail 한 통의 이메일 |
| **greeting card** | [gríːtiŋ káːrd] | 인사장 | exchange greeting cards<br>인사장을 교환하다 |
| **phone** | [fóun] | 전화 | telephone의 단축형. |
| **fax** | [fæks] | 팩스 | I've just received a fax.<br>방금 팩스를 받았습니다. |

## 확인 문제 풀기

📝 문장을 읽고 빈칸에 들어갈 말을 쓰세요.

❶ English is a communication tool
   영어는 _____ 도구입니다.

❷ I made a five-minute speech in English yesterday.
   어제 영어로 5분간 _____을 했습니다.

❸ How many languages do you speak?
   당신은 몇 개 국_____를 말합니까?

❹ I don't use as much gesture as you do.
   나는 당신만큼 _____를 사용하지 않습니다.

❺ Are there any letters for me?
   저에게 온 _____가 있나요?

❻ Is there any mail for me this morning?
   오늘 아침에 저에게 온 _____이 있습니까?

❼ I often check my e-mail.
   나는 자주 _____을 체크합니다.

❽ Tony and I exchange greeting cards.
   토니와 나는 _____을 교환했습니다.

❾ What's your phone number at home?
   당신의 집 _____번호는 몇 번입니까?

❿ I've just received a fax.
   방금 _____를 받았습니다.

Day 3

# Day 4

월    일

학교, 일, 취미, 스포츠
등에 관한 단어

## Track 28
## 28. 학교

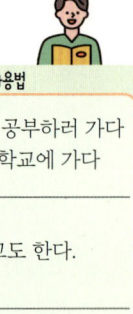

| 단어 | 발음 | 뜻 | 암기요령 및 사용법 |
|---|---|---|---|
| **school** | [skúːl] | 학교 | go to school 학교에 공부하러 가다<br>go to a school 어떤 학교에 가다 |
| **junior high school** | [dʒúːnjər hái skúːl] | 중학교 | middle school이라고도 한다. |
| **senior high school** | [síːnjər hái skúːl] | 고등학교 | high school이라고도 한다. |
| **nursery school** | [nɔ́ːrsəri skúːl] | 어린이집 | 5살 이하의 어린이가 다니는 곳 |
| **kindergarten** | [kíndərgàːrtn] | 유치원 | be in the kindergarten<br>유치원에 있습니다 |
| **elementary school** | [èləméntəri skúːl] | 초등학교 | elementary(초등의) + school(학교) |
| **college** | [kálidʒ] | 대학 | go on to college 대학에 진학하다<br>go to college 대학에 다니다 |
| **university** | [jùːnəvə́ːrsəti] | 대학 | 미국에서는 대학원이 있는 대학을<br>university라고 부른다. |
| **teacher** | [tíːtʃər] | 선생님 | teach(가르치다) +er(사람) |
| **student** | [stjúːdnt] | 학생 | 보통 중학생 이상을 student라고<br>부른다. |

## 확인 문제 풀기

📝 문장을 읽고 빈칸에 들어갈 말을 쓰세요.

❶ I go to school by bike.
자전거를 타고 _____에 갑니다.

❷ My younger sister Mijin goes to junior high school by bus.
여동생 미진이는 버스를 타고 _____에 다닙니다.

❸ My older sister Yumi goes to senior high school.
우리 언니 유미는 _____에 다닙니다.

❹ My son Yunsu goes to nursery school.
우리 아들 윤수는 아직 _____에 다닙니다.

❺ Our son is still in kindergarten.
우리 아들은 아직 _____에 있습니다.

❻ Is there an elementary school near here?
이 근처에 _____가 있습니까?

❼ I want to go on to college.
나는 _____에 진학하고 싶습니다.

❽ Ayumi goes to Hankook University.
아유미는 한국 _____에 다니고 있습니다.

❾ Tony wants to be a Korean teacher.
토니는 한국어 _____이 되기를 원합니다.

❿ Are you a high school student?
당신은 고등학교 _____입니까?

## Track 29 학용품

| 단어 | 발음 | 뜻 | 암기요령 및 사용법 |
|---|---|---|---|
| **pen** | [pén] | 펜 | n음은 입을 닫지 않은 채 혀를 잇몸 뒤쪽에 붙여서 발음한다. |
| **pencil** | [pénsəl] | 연필 | cil은 [슬]에 가깝게 발음한다. |
| **notebook** | [nóutbùk] | 공책, 노트 | note[메모] + book[책] = 공책 |
| **desk** | [désk] | 책상 | sk는 [스크]라고 발음한다. |
| **chair** | [tʃɛ́ər] | 의자 | air는 [에어]라고 발음한다. |
| **bag** | [bǽg] | 가방 | a paper bag 종이 가방<br>a plastic bag 비닐봉지 |
| **school uniform** | [skúːl júːnəfɔ́ːrm] | 교복 | school(학교) + uniform(제복) |
| **shoe** | [ʃúː] | 구두 | this pair of shoes = these shoes |
| **paper** | [péipər] | 종이 | a piece of paper 종이 한 장 |
| **tissue** | [tíʃuː] | 티슈, 화장지 | I have no tissues. 티슈가 없어요. |

## 확인 문제 풀기

📝 문장을 읽고 빈칸에 들어갈 말을 쓰세요.

❶ This pen really writes well.
　이 _____은 정말 잘 써집니다.

❷ How much is this pencil?
　이 _____은 얼마입니까?

❸ This notebook is easy to use.
　이 _____은 사용하기 쉽습니다.

❹ This desk was made by my father.
　이 _____은 우리 아버지가 만드셨습니다.

❺ This chair is comfortable to sit on.
　이 _____는 앉기에 편합니다.

❻ This bag was made in Italy.
　이 _____은 이탈리아제입니다.

❼ Your school uniform looks good on you.
　_____이 잘 어울리는구나.

❽ These shoes are new.
　이 _____은 새것입니다.

❾ This doll is made of paper.
　이 인형은 _____로 만들어졌습니다.

❿ I don't have any tissues.
　_____가 하나도 없어요.

🎧 Track 30
## 학교생활

| 단어 | 발음 | 뜻 | 암기요령 및 사용법 |
|---|---|---|---|
| **school life** | [skúːl laif] | 학교생활 | 영어에서 명사 + 명사일 때는 첫 번째 명사를 좀더 강하게 읽는다. |
| **class** | [klǽs] | 수업 | in class 수업 중에<br>two classes 수업이 두 개 |
| **lesson** | [lésn] | 수업 | 복수형 lessons로 많이 쓴다. |
| **club** | [klʌ́b] | 동호회, 동아리 | u는 [어]로 읽는 경우가 많다. |
| **homework** | [hóumwə́ːrk] | 숙제 | do my homework 숙제하다 |
| **question** | [kwéstʃən] | 문제 | 비슷한 말 problem |
| **problem** | [prábləm] | 문제 | 이과 쪽의 문제는 problem이고 문과 쪽의 문제는 question이다. |
| **library** | [láibrəri] | 도서관 | '도서실', '장서'라는 뜻도 있다. |
| **PC** | [píːsíː] | 개인용 컴퓨터 | personal(개인의)+computer(컴퓨터) |
| **the Internet** | [ði íntərnèt] | 인터넷 | Internet에는 반드시 the를 붙인다. |

## 확인 문제 풀기

📝 문장을 읽고 빈칸에 들어갈 말을 쓰세요.

❶ How is your school life?
　　_____은 어떻습니까?

❷ How many classes do you have today?
　　오늘은 _____이 몇 시간 있습니까?

❸ Doyun is taking calligraphy lessons.
　　도윤이는 서예 _____을 받고 있습니다.

❹ What club do you belong to?
　　어떤 _____에 소속되어 있습니까?

❺ I have to do my homework.
　　나는 _____를 해야 합니다.

❻ Most questions on today's English test were easy.
　　오늘 영어 시험에서 _____가 대체적으로 쉬웠습니다.

❼ This math problem is easy.
　　이 수학 _____는 간단합니다.

❽ I always study in this library.
　　전 항상 이 _____에서 공부를 합니다.

❾ I have a desktop PC.
　　데스크탑형 _____를 한 대 가지고 있습니다.

❿ I use the Internet to shop.
　　_____을 이용하여 쇼핑합니다.

Day 4

 🎧 Track 31
## 과목

| 단어 | 발음 | 뜻 | 암기요령 및 사용법 |
|---|---|---|---|
| **subject** | [sʌ́bdʒikt] | 과목, 주제 | to change the subject<br>화제를 바꾸자면 |
| **English** | [íŋgliʃ] | 영어 | in English 영어로 |
| **math** | [mæθ] | 수학 | mathematics의 줄임말 |
| **Korean** | [kərí:ən] | 한국어 | Japanese 일본어 |
| **French** | [fréntʃ] | 프랑스어 | speak French 프랑스어를 말하다<br>speak <u>in</u> French 프랑스어로 말하다 |
| **science** | [sáiəns] | 과학, 학술 | a science class 과학 수업 |
| **history** | [hístəri] | 역사 | Korean history 한국사<br>= the history of Korean |
| **art** | [á:rt] | 미술, 예술 | Art is long, life is short.<br>예술은 길고 인생은 짧다. |
| **music** | [mjú:zik] | 음악 | listen to music 음악을 듣다<br>a piece of music 음악 1곡 |
| **P.E.** | [pí:í:] | 체육 | Physical Education = P.E. 체육 |

## 확인 문제 풀기

📝 문장을 읽고 빈칸에 들어갈 말을 쓰세요.

❶ What subject do you like (the) best?
무슨 _____을 가장 좋아합니까?

❷ I like English (the) best.
_____를 가장 좋아합니다.

❸ I am good at math.
_____을 잘합니다.

❹ I'm not good at Korean.
_____를 잘하지 못합니다.

❺ I can speak French.
_____를 할 줄 압니다.

❻ I like science and math.
_____과 수학을 좋아합니다.

❼ I like Korean history.
_____를 좋아합니다.

❽ I am interested in art.
_____에 흥미가 있습니다.

❾ I love music.
_____을 좋아합니다.

❿ The third period is P.E.
3교시는 _____입니다.

Day 4

🎧 Track 32
## 음악, 악기

| 단어 | 발음 | 뜻 | 암기요령 및 사용법 |
|---|---|---|---|
| **instrument** | [ínstrəmənt] | 악기 | play an instrument 악기를 연주하다 |
| **piano** | [piǽnou] | 피아노 | play the piano 피아노를 치다 |
| **flute** | [flú:t] | 플루트 | the flute 플루트<br>악기에는 the를 붙인다. |
| **guitar** | [gitá:r] | 기타 | the guitar 기타 |
| **violin** | [vàiəlín] | 바이올린 | practice the violin<br>바이올린을 연습하다 |
| **organ** | [ɔ́:rgən] | 오르간 | the + 모음(아, 이, 우, 에, 오)으로<br>시작하는 단어는 the를 [디]로 읽는다. |
| **music** | [mjú:zik] | 음악 | listen to music 음악을 듣다<br>listen to the music 그 음악을 듣다 |
| **musician** | [mju:zíʃən] | 음악가 | music(음악) + ian(사람) = 음악가 |
| **words** | [wə́:rdz] | 가사 | word(단어, 말) + s(2개 이상) 가사<br>the words of this song 이 노래의 가사 |
| **pianist** | [piǽnist] | 피아니스트 | piano의 o를 지우고 + ist(사람)<br>= 피아노를 치는 사람 |

## 확인 문제 풀기

📝 문장을 읽고 빈칸에 들어갈 말을 쓰세요.

① Do you play an instrument?
_____를 연주합니까?

② I play the piano every day.
나는 매일 _____를 칩니다.

③ Ms. Kim can play the flute very well.
김 선생님은 _____를 잘 붑니다.

④ Sangmi is good at playing the guitar.
상미는 _____를 잘 칩니다.

⑤ Ms. Park practices the violin every day.
박 선생님은 매일 _____ 연습을 합니다.

⑥ This organ is mine.
이 _____은 내 것입니다.

⑦ I like listening to music.
_____ 듣는 것을 좋아합니다.

⑧ My father is a musician.
아버지는 _____입니다.

⑨ I forget the words of this song.
이 노래의 _____가 생각나지 않습니다.

⑩ Is your father a professional pianist?
아버님께서는 전문적인 _____입니까?

 🎧 Track 33
## 스포츠 ①

| 단어 | 발음 | 뜻 | 암기요령 및 사용법 |
|---|---|---|---|
| **sport** | [spɔ́ːrt] | 스포츠 | I like sports. 나는 스포츠를 좋아한다. |
| **team** | [tíːm] | 팀 | I am on the school baseball team. 나는 학교 야구팀에 속해 있습니다. |
| **game** | [géim] | 시합, 게임 | play a game of tennis 테니스를 한 게임 하다 |
| **tennis** | [ténis] | 테니스 | I play tennis. 난 테니스를 친다. |
| **player** | [pléiər] | 선수 | I am a tennis player. = I play tennis. |
| **baseball** | [béisbɔ̀ːl] | 야구 | play baseball 야구를 하다 = be a baseball player |
| **soccer** | [sákər] | 축구 | play soccer 축구를 하다 a soccer ball 축구공 |
| **basketball** | [bǽskitbɔ̀ːl] | 농구 | play basketball 농구를 하다 = be a basketball player |
| **volleyball** | [válibɔ̀ːl] | 배구 | play volleyball 배구를 하다 = be a volleyball player |
| **hockey** | [háki] | 하키 | a hockey goalkeeper 하키 골키퍼 |

84

## 확인 문제 풀기

문장을 읽고 빈칸에 들어갈 말을 쓰세요.

① What sport do you like (the) best?
어떤 _____ 를 가장 좋아합니까?

② I am on the school baseball team.
나는 학교의 야구_____ 에 속해 있습니다.

③ Shall we play a game of tennis?
테니스 _____ 을 할까요?

④ Let's play a game or two of tennis.
_____ 한 두 게임 할까요?

⑤ I am a tennis player.
나는 테니스 _____ 입니다.

⑥ I like to play baseball.
_____ 하는 것을 좋아합니다.

⑦ Do you play soccer?
_____ 를 합니까?

⑧ Mr. Lee is a good basketball player.
이 선생님은 훌륭한 _____ 선수입니다.

⑨ Volleyball is popular in Korea.
_____ 는 한국에서 인기가 있습니다.

⑩ I hear Minho was a hockey goalkeeper.
민호가 _____ 골키퍼였다고 들었습니다.

Day 4

Track 34
## 스포츠 ②

| 단어 | 발음 | 뜻 | 암기요령 및 사용법 |
|---|---|---|---|
| **camping** | [kǽmpiŋ] | 캠프 생활, 야영 | go camping 캠핑을 가다 |
| **climbing** | [kláimiŋ] | 등산 | go climbing 등산하러 가다 |
| **skiing** | [skíːiŋ] | 스키 | go skiing 스키를 타러 가다 |
| **skating** | [skéitiŋ] | 스케이팅 | go skating 스케이트를 타러 가다 |
| **running** | [rʌ́niŋ] | 달리기, 러닝 | [런닝]으로 읽지 않도록 주의. |
| **walking** | [wɔ́ːkiŋ] | 걷기 | walk(걷다) + ing(것) = 걷기 |
| **jogging** | [dʒágiŋ] | 조깅 | jog in the park<br>그 공원에서 조깅을 하다 |
| **swimming** | [swímiŋ] | 수영 | go swimming 수영하러 가다 |
| **dancing** | [dǽnsiŋ] | 춤, 무도 | go dancing 춤추러 가다 |
| **taekwondo** | [tǽkwɔ́ndou] | 태권도 | practice taekwondo 태권도를 하다 |

## 확인 문제 풀기

문장을 읽고 빈칸에 들어갈 말을 쓰세요.

① My hobby is camping.
내 취미는 _____입니다.

② I like climbing.
나는 _____을 좋아합니다.

③ Amy is good at skiing.
에이미는 _____를 잘 탑니다.

④ I'm not good at skating.
나는 _____를 잘 못 탑니다.

⑤ I am fond of running.
나는 _____를 좋아합니다.

⑥ Walking is good for your health.
_____는 건강에 좋습니다.

⑦ Shall we start jogging?
_____을 시작할까요?

⑧ We have swimming at school on Mondays.
우리는 매주 월요일에 학교에서 _____을 합니다.

⑨ Let's enjoy dancing.
_____를 즐깁시다.

⑩ I practice taekwondo every day.
나는 매일 _____연습을 합니다.

🎧 Track 35

# 일, 직업

| 단어 | 발음 | 뜻 | 암기요령 및 사용법 |
|---|---|---|---|
| **work** | [wə́:rk] | 일 | work는 해야 할 일이나 직업으로서의 일을 뜻한다. |
| **job** | [dʒáb] | 일 | job은 직업이나 일자리, 임무 등을 뜻한다. |
| **singer** | [síŋər] | 가수 | I'm a singer. = I sing.<br>나는 가수다. |
| **baseball player** | [béisbɔ́:l pléiər] | 야구 선수 | I am a baseball player. =<br>I play baseball. 나는 야구선수다. |
| **soccer player** | [sákər pléiər] | 축구 선수 | be a soccer player = play soccer<br>축구선수다 |
| **doctor** | [dáktər] | 의사 | 단어가 or로 끝날 때는 사람을<br>나타내는 경우가 많다. |
| **nurse** | [nə́:rs] | 간호사 | Thank you, Nurse.<br>간호사님, 고맙습니다. |
| **teacher** | [tí:tʃər] | 선생님 | teach(가르치다) + er(사람) |
| **engineer** | [èndʒiníər] | 엔지니어, 기술자 | engine(엔진) + er(사람) |
| **officer** | [ɔ́:fisər] | 경찰관 | a police officer = an officer<br>어떤 경찰관 한 명 |

## 확인 문제 풀기

📝 문장을 읽고 빈칸에 들어갈 말을 쓰세요.

❶ I have a lot of work to do.
나는 해야 할 _____이 많습니다.

❷ I found a job yesterday.
어제 _____을 구했습니다.

❸ My dream for the future is to be a singer.
장래의 꿈은 _____가 되는 것입니다.

❹ I want to be a baseball player.
_____가 되고 싶습니다.

❺ Who is this soccer player?
이 _____는 누구입니까? [사진을 같이 보고 있을 때]

❻ Then I will introduce you to a good doctor.
그러면 제가 좋은 _____선생님을 소개해 드리겠습니다.

❼ Ms. Park's dream is to be a nurse.
박 양의 꿈은 _____가 되는 것입니다.

❽ Our homeroom teacher is Mrs. Yunmi Kim.
우리 담임 _____은 김윤미 선생님입니다.

❾ My father is an engineer.
아버지는 _____입니다.

❿ My mother is an officer.
어머니는 _____입니다.

# Day 5

월    일

## 거리, 국가, 자연, 동식물에 관한 단어

## Track 36 거리의 건물

| 단어 | 발음 | 뜻 | 암기요령 및 사용법 |
|---|---|---|---|
| building | [bíldiŋ] | 건물 | 동작의 결과를 나타내는 ing<br>build(짓다) + ing(그 결과) = 건물 |
| hotel | [houtél] | 호텔 | stay at hotel 호텔에 묵다 |
| station | [stéiʃən] | 역 | meet at the station 역에서 만나다 |
| hospital | [háspitl] | 병원 | [하스피틀]로 들리는 경우도 있다. |
| post office | [póust ɔ́:fis] | 우체국 | 우표는 stamp라고 한다. |
| castle | [kǽsl] | 성, 성곽 | build castles in the air<br>공중누각을 쌓다(공상에 잠기다) |
| museum | [mjuːzíːəm] | 미술관, 박물관 | a historical museum 역사 박물관 |
| city hall | [síti hɔ́:l] | 시청 | 앞에 a나 the를 붙이지 않는 경우가 많고, 대문자(City Hall)로 쓰기도 한다. |
| tower | [táuər] | 탑 | Eiffel Tower 에펠탑 |
| movie theater | [múːvi θíːətər] | 영화관, 극장 | 영국에서는 cinema라고도 한다. |

### 확인 문제 풀기

📝 문장을 읽고 빈칸에 들어갈 말을 쓰세요.

❶ How tall is that **building**?
저 _____은 높이가 어떻게 됩니까?

❷ I'm going to stay at a **hotel** in Firenze.
피렌체에 있는 _____에 머물 예정입니다.

❸ Is there a **station** near here?
이 근처에 _____이 있습니까?

❹ Is there a **hospital** near here?
이 근처에 _____이 있습니까?

❺ Is there a **post office** around?
이 근처에 _____이 있습니까?

❻ Have you ever been to Prague **Castle**?
프라하 _____을 가본 적이 있습니까?

❼ This **museum** is worth visiting.
이 _____은 방문할 만합니다.

❽ Could you tell me how to get to **City Hall**?
_____에 가는 길을 가르쳐 주시겠습니까?

❾ Have you ever been to Eiffel **Tower**?
당신은 에펠_____에 가본 적이 있습니까?

❿ A new film is showing at the local **movie theater**.
신작 영화가 가까운 _____에서 상영되고 있습니다.

Day 5

## 교통기관 ①

| 단어 | 발음 | 뜻 | 암기요령 및 사용법 |
|---|---|---|---|
| **car** | [káːr] | 자동차 | by car 자동차로<br>in my car 내 차로 |
| **bike** | [báik] | 자전거 | by bike 자전거로<br>on my bike 내 자전거로 |
| **motorbike** | [móutərbàik] | 오토바이 | by motorbike (소형의) 오토바이로 |
| **plane** | [pléin] | 비행기 | by plane 비행기로 |
| **bus** | [bʌ́s] | 버스 | by bus 버스로<br>on the last bus 마지막 버스로 |
| **ship** | [ʃíp] | 배 | ship은 '정기선'을 말한다. |
| **boat** | [bóut] | 보트, 작은 배 | ship보다 작은 배. 한국어의 '보트'는 rowboat를 말한다. |
| **subway** | [sʌ́bwèi] | 지하철 | sub(밑) + way(길) = 지하철 |
| **train** | [tréin] | 열차, 기차 | train(끌고 가는 물건) = 열차[기차] |
| **taxi** | [tǽksi] | 택시 | '택시'의 정식 단어는 taxicab이다.<br>영국에서는 taxi, 미국에서는 cab. |

## 확인 문제 풀기

문장을 읽고 빈칸에 들어갈 말을 쓰세요.

① I go to work by car.
_____ 출근합니다.

② I go to school by bike.
_____ 학교에 갑니다.

③ I bought a motorbike yesterday.
어제 _____를 샀습니다.

④ Shall we go to Manchester by plane?
맨체스터에 _____로 갈까요?

⑤ Shall we take the last bus?
마지막 _____를 탈까요?

⑥ Shall we go to Jeju Island by ship?
제주도에 _____ 갈까요?

⑦ Shall we go fishing in a boat?
_____를 타고 낚시하러 갈까요?

⑧ I take the subway to work.
_____을 타고 일하러 갑니다.

⑨ I'm leaving for Seoul on the next train.
다음 _____를 타고 서울로 떠납니다.

⑩ Shall we go to Seoul Station by taxi?
서울역에 _____ 갈까요?

Day 5

## Track 38
# 교통기관 ②

| 단어 | 발음 | 뜻 | 암기요령 및 사용법 |
|---|---|---|---|
| **airplane** | [ɛ́ərplèin] | 비행기 | take an airplane = take a plan<br>비행기를 타다 |
| **plane** | [pléin] | 비행기 | by plane = by air 비행기로 |
| **airport** | [ɛ́ərpɔ́ːrt] | 공항, 비행장 | at Incheon Airport 인천공항에서 |
| **airline** | [ɛ́ərlàin] | 항공사 | Asiana Airlines 아시아나 항공<br>앞에 the를 붙이지 않는다. |
| **flight** | [fláit] | 정기 항공편 | How long is the flight to Busan?<br>부산까지 비행시간이 얼마나 걸려요? |
| **pilot** | [páilət] | 파일럿 | to be a pilot 파일럿이 되는 것 |
| **flight attendant** | [fláit əténdənt] | 비행기 승무원 | to be a flight attendant<br>비행기 승무원이 되는 것 |
| **passenger** | [pǽsəndʒər] | 승객 | a passenger 승객 한 명 |
| **baggage** | [bǽgidʒ] | 수하물 | how many pieces of baggage<br>= how much baggage |
| **Customs** | [kʌ́stəmz] | 세관 | go through the Customs<br>세관을 통과하다 |

### 확인 문제 풀기

📝 문장을 읽고 빈칸에 들어갈 말을 쓰세요.

❶ Then I will take an **airplane** for London.
그러면 저는 런던행 _____를 타겠습니다.

❷ Then I will go to Osaka **by plane**.
그러면 저는 _____ 오사카에 가겠습니다.

❸ Let's meet at Incheon **Airport** at noon.
인천 _____에서 정오에 만납시다.

❹ Which **airline** are you going to fly?
당신은 어느 _____을 탑니까?

❺ Then I will take the ten o'clock a.m. **flight** to London.
그러면 저는 런던행 오전 10시 _____에 타겠습니다.

❻ My dream for the future is to be a **pilot**.
장래의 꿈은 _____이 되는 것입니다.

❼ My dream is to be a **flight attendant**.
내 꿈은 _____이 되는 것입니다.

❽ "All the **passengers** should be on board."
"모든 _____분들은 탑승해주시기 바랍니다." <안내 방송>

❾ How much **baggage** can I take on the airplane with me?
비행기에 _____을 얼마나 가지고 탈 수 있습니까?

❿ We finally went through **the Customs** at Gimpo Airport.
우리는 드디어 김포공항의 _____을 통과했습니다.

Day 5

🎧 Track 39

# '국가'에 관한 단어

| 단어 | 발음 | 뜻 | 암기요령 및 사용법 |
|---|---|---|---|
| **country** | [kʌ́ntri] | 국가, 시골 | a large country 큰 나라<br>the country 시골 |
| **Korea** | [kəríːə] | 한국 | Korean 한국어, 한국사람, 한국의<br>South Korea 한국, North Korea 북한 |
| **America** | [əmérikə] | 미국 | 미국인은 America보다 the United States를 더 많이 사용한다. |
| **Australia** | [ɔːstréiljə] | 호주 | 발음에 주의. |
| **China** | [tʃáinə] | 중국 | c가 소문자이면 도자기를 뜻한다. |
| **Canada** | [kǽnədə] | 캐나다 | 캐나다에서는 영어와 불어를 쓴다. |
| **France** | [fræns] | 프랑스 | French 프랑스어<br>the French 프랑스 사람들 |
| **Italy** | [ítəli] | 이탈리아 | was made in Italy 이탈리아제입니다 |
| **Germany** | [dʒə́ːrməni] | 독일 | German 독일어, 독일인, 독일의 |
| **Japan** | [dʒəpǽn] | 일본 | Japanses 일본어 |

## 확인 문제 풀기

문장을 읽고 빈칸에 들어갈 말을 쓰세요.

1. What country are you from?
   어느 _____ 출신입니까?

2. American English is spoken in America.
   미국 영어는 _____ 에서 사용됩니다.

3. Korea is a beautiful country.
   _____ 은 아름다운 나라입니다.

4. Have you ever been to Australia?
   당신은 _____ 에 가본 적이 있습니까?

5. This chair was made in China.
   이 의자는 _____ 제입니다.

6. English and French are used in Canada, aren't they?
   _____ 에서는 영어와 프랑스어가 사용되고 있지요?

7. Where in France do you come from?
   _____ 어디 출신입니까?

8. The capital of Italy is Rome, isn't it?
   _____ 의 수도는 로마이지요?

9. I hear Tony was born in Germany.
   토니가 _____ 에서 태어났다고 들었습니다.

10. I've been to Japan three times.
    나는 _____ 에 세 번 갔습니다.

Day 5

## Track 40
## '지역'에 관한 단어

| 단어 | 발음 | 뜻 | 암기요령 및 사용법 |
|---|---|---|---|
| **area** | [έəriə] | 지역, 장소 | a parking area 주차장<br>in this area 이 지역에서 |
| **city** | [síti] | 시, 도시 | Seoul City 서울시<br>a large city 대도시 |
| **town** | [táun] | 시내, 읍내 | city보다 작고 village보다 크다 |
| **village** | [vílidʒ] | 마을, 촌락 | a little village 작은 마을 |
| **farm** | [fá:rm] | 농장 | work on the farm 농장에서 일하다<br>(work at the farm은 일시적으로 일하다) |
| **market** | [má:rkit] | 시장 | go to the market 시장에 가다<br>영국 영어에서는 the를 붙이지 않는다. |
| **convenience store** | [kənví:njəns stó:r] | 편의점 | [컨비니언스] + [스토어]처럼 [스]가 겹칠 때는 두 번째 [스]만 발음한다. |
| **store** | [stó:r] | 가게 | a book store 서점<br>a general store 잡화점 |
| **shop** | [ʃáp] | 상점 | a flower shop 꽃집 |
| **restaurant** | [réstərənt] | 레스토랑 | 원래 뜻은 '피로를 풀기 위한 장소' |

### 확인 문제 풀기

📝 문장을 읽고 빈칸에 들어갈 말을 쓰세요.

❶ Is there a parking area near here?
　이 근처에 주차_____이 있습니까?

❷ Seoul is a large city.
　서울은 대_____입니다.

❸ I do my shopping in town.
　나는 _____에서 쇼핑합니다.

❹ I was born in a mountain village.
　나는 산골 _____에서 태어났습니다.

❺ I work on a farm in Ansung.
　나는 안성에 있는 _____에서 일합니다.

❻ My wife is at the market.
　내 아내는 _____에 있습니다.

❼ Is there a convenience store near here?
　이 근처에 _____이 있습니까?

❽ I'm running a book store.
　_____을 경영하고 있습니다.

❾ I'm running a flower shop.
　_____을 경영하고 있습니다.

❿ I'm running a French restaurant.
　프랑스 _____을 경영하고 있습니다.

🎧 Track 41

## '자연'에 관한 단어 ①

| 단어 | 발음 | 뜻 | 암기요령 및 사용법 |
|---|---|---|---|
| **weather** | [wéðər] | 날씨 | It's nice weather. 날씨가 좋군요.<br>= We have nice weather. |
| **climate** | [kláimit] | 기후 | the climate of Korea 한국의 기후 |
| **wind** | [wínd] | 바람 | the north wind 북풍 |
| **rain** | [réin] | 비 | It looks like rain. 비 올 것 같아요. |
| **shower** | [ʃáuər] | 소나기 | I was caught in a shower.<br>소나기를 만났습니다. |
| **snow** | [snóu] | 눈 | a little snow 약간의 눈<br>little snow 극소량의 눈 |
| **rainbow** | [réinbòu] | 무지개 | There is a rainbow.<br>무지개가 떠 있습니다. |
| **ice** | [áis] | 얼음 | thin ice 얇은 얼음<br>thick ice 두꺼운 얼음 |
| **sunrise** | [sʌ́nràiz] | 해돋이, 일출 | sun(태양) + rise(뜨다) = 해돋이 |
| **sunset** | [sʌ́nsèt] | 해질녘, 일몰 | watch the sunset<br>저녁노을을 바라보다 |

## 확인 문제 풀기

📝 문장을 읽고 빈칸에 들어갈 말을 쓰세요.

① It's nice weather, isn't it?
_____가 좋군요, 그렇지 않나요?

② How do you like the climate of Korea?
한국의 _____는 어떻습니까?

③ The north wind is blowing.
_____이 불고 있습니다.

④ It looks like rain, doesn't it?
_____가 올 것 같군요. 그렇지 않나요?

⑤ I was caught in a shower on my way home.
나는 집으로 오는 도중에 _____를 만났습니다.

⑥ We had little snow this winter, didn't we?
올겨울은 _____이 거의 내리지 않았어요.

⑦ There is a rainbow in the sky.
하늘에 _____가 떠 있습니다.

⑧ There is thin ice on the pond.
연못에 얇은 _____이 깔려 있습니다.

⑨ Sunrise is at four fifty.
_____은 4시 50분입니다.

⑩ What a beautiful sunset!
얼마나 아름다운 _____인지!

Day 5

## Track 42
## '자연'에 관한 단어 ②

| 단어 | 발음 | 뜻 | 암기요령 및 사용법 |
|---|---|---|---|
| **nature** | [néitʃər] | 자연 | nature in Korea 한국의 자연 |
| **sky** | [skái] | 하늘 | the sky 하늘 |
| **star** | [stáːr] | 별 | were born under a lucky star 행운을 타고나다 |
| **cloud** | [kláud] | 구름 | There are no clouds. 구름 한 점 없습니다. |
| **sun** | [sán] | 태양 | the sun 태양, 세상에 하나밖에 없는 것에는 the가 붙는다. |
| **moon** | [múːn] | 달 | the moon 달<br>a full moon 보름달 |
| **earth** | [ə́ːrθ] | 지구 | the earth 지구<br>on earth ①지상에 ②도대체 |
| **sea** | [síː] | 바다 | the sea 바다 |
| **ocean** | [óuʃən] | 대양, 해양 | the ocean 해양[바다]<br>여기서 the는 [디]라고 읽는다. |
| **horizon** | [həráizn] | 수평선, 지평선 | the horizon 수평선[지평선] |

## 확인 문제 풀기

📝 문장을 읽고 빈칸에 들어갈 말을 쓰세요.

❶ **Nature** in Korea is beautiful, isn't it?
한국의 _____은 아름다워요.

❷ **The sky** is cloudy.
_____이 흐립니다.

❸ You were born under a lucky **star**, weren't you?
_____을 타고났군요.

❹ There are no **clouds** in the sky.
하늘에는 _____ 한 점 없습니다.

❺ **The sun** is coming out.
_____가 나왔습니다.

❻ It's a full **moon** tonight.
오늘 밤은 보름 _____입니다.

❼ **The earth** moves around the sun.
_____는 태양 주위를 돕니다.

❽ I like swimming in **the sea**.
_____에서 수영하는 것을 좋아합니다.

❾ Sharks live in warm parts of **the ocean**.
상어는 _____의 따뜻한 지역에서 살고 있습니다.

❿ The sun is rising above **the horizon**.
태양이 _____위에 떠 있습니다.

Day 5

🎧 Track 43

## '자연'에 관한 단어 ③

| 단어 | 발음 | 뜻 | 암기요령 및 사용법 |
|---|---|---|---|
| **ground** | [gráund] | 지면, 땅바닥 | the ground 지면, 땅바닥 |
| **land** | [lænd] | 토지 | a piece of land 토지 한 구획 |
| **road** | [róud] | 도로, 길 | 이 마을에서 저 마을로 통하는 길을 road라고 한다. |
| **street** | [strí:t] | 도로 | 도로와 함께 양쪽 보도나 건물까지를 포함해서 street라고 한다. |
| **mountain** | [máuntən] | 산 | climb mountains (여러) 산을 오르다<br>mountain climbing 등산 |
| **forest** | [fɔ́:rist] | 삼림, 산 | a forest fire 산불 |
| **wood** | [wúd] | 목재, 나무 | be made of wood 나무로 만들어지다 |
| **tree** | [trí:] | 나무 | a tree 나무 한 그루<br>trees 나무 두 그루 이상 |
| **cherry** | [tʃéri] | 체리 | like cherries 체리를 좋아하다 |
| **river** | [rívər] | 강 | in the nearby river 가까운 강에서 |

## 확인 문제 풀기

📝 문장을 읽고 빈칸에 들어갈 말을 쓰세요.

❶ The ground is wet, isn't it?
_____이 젖어 있지요?

❷ I bought a piece of land yesterday.
어제 _____ 한 구획을 구입했습니다.

❸ This road goes to Daegu.
이 _____은 대구로 통합니다.

❹ I meet Doyun on the street yesterday.
어제 _____에서 도윤이를 만났습니다.

❺ I like to climb mountains.
_____에 오르는 것을 좋아합니다.

❻ There was a forest fire yesterday.
어제 _____이 났었습니다.

❼ This chair is made of wood.
이 의자는 _____로 만들어져 있습니다.

❽ There are trees around my house.
내 집 주위에는 _____들이 있습니다.

❾ I like cherries very much.
나는 _____를 매우 좋아합니다.

❿ Minsu likes to fish in the nearby river.
민수는 가까운 _____에서 낚시하는 것을 좋아합니다.

🎧 Track 44

## 동물

| 단어 | 발음 | 뜻 | 암기요령 및 사용법 |
|---|---|---|---|
| **lion** | [láiən] | 사자 | like a lion 용맹스럽게 |
| **tiger** | [táigər] | 호랑이 | work like a tiger 맹렬히 일하다 |
| **elephant** | [éləfənt] | 코끼리 | a memory like an elephant 기억력이 매우 좋은 |
| **monkey** | [mʌ́ŋki] | 원숭이 | 꼬리가 있으면 monkey, 없으면 ape라고 한다. |
| **zebra** | [zí:brə] | 얼룩말 | 줄무늬가 있는 것. |
| **koala** | [kouá:lə] | 코알라 | 첫 번째 a를 강하게 발음한다. |
| **sheep** | [ʃí:p] | 양 | two sheep 양 두 마리<br>새끼양은 lamb이라고 한다. |
| **camel** | [kǽməl] | 낙타 | a camel with two humps 혹 두 개가 있는 낙타 한 마리 |
| **kangaroo** | [kæ̀ŋgərú:] | 캥거루 | roo 부분을 강하게 발음한다. |
| **penguin** | [péŋgwin] | 펭귄 | e를 강하게 발음한다. |

## 확인 문제 풀기

📝 문장을 읽고 빈칸에 들어갈 말을 쓰세요.

① Most lions live in groups.
대부분의 _____는 무리를 지어 생활합니다.

② Tigers live in many parts of Asia.
_____는 아시아의 여러 곳에서 살고 있습니다.

③ Elephants eat leaves.
_____는 (나무나 풀의) 잎을 먹습니다.

④ I like monkeys.
_____를 좋아합니다.

⑤ Zebras are 4 to 5 feet tall.
_____의 신장은 약 4피트(1m 22cm)에서 5피트(1m 52cm)입니다.

⑥ Koalas live in Australia.
_____는 호주에 살고 있습니다.

⑦ There are hundreds of sheep on that hill.
저 언덕 위에 수백 마리의 _____이 있습니다.

⑧ Arabian camels have one hump.
아라비아 _____는 혹이 하나입니다.

⑨ Full-grown kangaroos can jump 8 meters.
충분히 성장한 _____는 8미터를 뛸 수 있습니다.

⑩ Penguins eat fish.
_____은 물고기를 먹습니다.

Day 5

## 생물

Track 45

| 단어 | 발음 | 뜻 | 암기요령 및 사용법 |
|---|---|---|---|
| **creature** | [kríːtʃər] | 생물 | all creatures = all living things<br>모든 생물 |
| **frog** | [frɔ́ːg] | 개구리 | Frogs are croaking.<br>개구리가 울고 있다. |
| **fish** | [fíʃ] | 물고기 | five fish 같은 종류의 물고기 5마리<br>five fishes 5종류의 물고기 |
| **chicken** | [tʃíkən] | 닭, 병아리 | a chicken 닭(병아리) 한 마리<br>chicken 닭고기 |
| **crane** | [kréin] | 두루미 | a△e는 [에이]라고 발음한다. |
| **rabbit** | [rǽbit] | 집토끼 | a rabbit 집토끼 한 마리<br>a hare 산토끼 한 마리 |
| **cow** | [káu] | 암소 | milk this cow<br>이 소의 젖을 짜다 |
| **horse** | [hɔ́ːrs] | 말 | ride a horse 말을 타다 |
| **dolphin** | [dálfin] | 돌고래 | ph는 [f]로 발음한다. |
| **butterfly** | [bʌ́tərflài] | 나비 | Float like a butterfly, sting like a bee. 나비처럼 날아서 벌처럼 쏴라. |

## 확인 문제 풀기

문장을 읽고 빈칸에 들어갈 말을 쓰세요.

❶ I am kind to all creatures.
　　나는 모든 _____에게 다정합니다.

❷ Frogs are croaking.
　　_____가 울고 있습니다.

❸ I caught five fish in the river.
　　강에서 _____ 5마리를 잡았습니다.

❹ Which came first, the chicken or the egg?
　　_____과 달걀 중에 무엇이 먼저일까요?

❺ Cranes have long legs and a long neck.
　　_____는 긴 다리와 긴 목을 가지고 있습니다.

❻ I ran like a rabbit.
　　나는 _____처럼 달아났습니다(=허둥지둥 달아났습니다.)

❼ I milk this cow every day.
　　나는 매일 이 _____의 젖을 짭니다.

❽ Can you ride a horse?
　　_____을 탈 수 있습니까?

❾ Dolphins swim in small groups.
　　_____은 작은 무리를 지어 헤엄을 치고 다닙니다.

❿ My hobby is collecting butterflies.
　　내 취미는 _____를 수집하는 것입니다.

Day 5

# Day 6

월    일

형용사

🎧 Track 46

## '감정'을 나타내는 형용사

| 단어 | 발음 | 뜻 | 암기요령 및 사용법 |
|---|---|---|---|
| **happy** | [hǽpi] | 행복한 | I'm so happy! 정말 행복해요! |
| **glad** | [glǽd] | 기쁜 | glad는 happy보다 정중한 표현으로 very happy의 의미로도 쓰인다. |
| **nice** | [náis] | 기쁜, 즐거운 | It's nice to ~ ~하는 것이 기쁘다 |
| **good** | [gúd] | 좋은 | It's good to ~ ~하는 것이 좋다 |
| **satisfied** | [sǽtisfàid] | 만족한 | be satisfied with ~ ~에 만족하다 |
| **ready** | [rédi] | 기꺼이 | I'm ready to ~ 기꺼이 ~하다 |
| **sad** | [sǽd] | 슬픈 | It's sad to hear that. 그것을 듣게 되어 슬픕니다. |
| **afraid** | [əfréid] | 두려워하여 | be afraid of~ ~가 두렵다 |
| **angry** | [ǽŋgri] | 성난 | Don't be so angry. 그렇게 화내지 마. |
| **sorry** | [sári] | 유감인 | I'm sorry. ①유감입니다. ②죄송합니다. |

## 확인 문제 풀기

📝 문장을 읽고 빈칸에 들어갈 말을 쓰세요.

❶ I'm **happy** to see you again.
다시 만나게 돼서 _____.

❷ I'm **glad** to see you again.
다시 만나게 돼서 _____.

❸ It's **nice** to see you again.
다시 만나게 돼서 _____.

❹ It's **good** to see you again.
다시 만나게 돼서 _____.

❺ I'm **satisfied** with my house.
우리 집에 _____.

❻ I'm **ready** to help you.
_____ 당신을 돕겠습니다.

❼ I'm **sad** to hear the news.
그 소식을 듣게 되어 _____.

❽ I'm **afraid** of snakes.
뱀을 _____.

❾ What are you so **angry** about?
무엇이 당신을 그렇게 _____ 했습니까?

❿ I'm **sorry**, but I can't go today.
_____스럽게도 오늘은 갈 수 없습니다.

Day 6

 Track 47

## '몸 상태'를 나타내는 형용사

| 단어 | 발음 | 뜻 | 암기요령 및 사용법 |
|---|---|---|---|
| **great** | [gréit] | 대단히 좋은 | ea는 가끔 [에이]라고 읽기도 한다. |
| **fantastic** | [fæntǽstik] | 대단히 좋은 | I'm fantastic. = I feel fantastic. |
| **good** | [gúd] | 좋은 | better(비교급), best(최상급) |
| **well** | [wél] | 좋은 | better(비교급), best(최상급) |
| **fine** | [fáin] | 좋은 | a fine character 훌륭한 인물 |
| **all right** | [ɔ́:lráit] | 만족스러운 | all right = OK = so-so 만족스러워요. |
| **OK** | [óukéi] | 만족스러운 | K를 강하게 발음하는 사람도 있다. |
| **so-so** | [sóusou] | 그렇고 그런 | 첫 번째 so를 강하게 발음한다. |
| **bad** | [bǽd] | (상태가) 나쁜 | worse(비교급), worst(최상급) |
| **terrible** | [térəbl] | 심한 | terrible = very bad |

## 확인 문제 풀기

문장을 읽고 빈칸에 들어갈 말을 쓰세요.

❶ "How are you doing?" "I'm great."
"어떻게 지내세요?" "저는 _____."

❷ I'm fantastic.
저는 대단히 _____.

❸ I'm good.
저는 _____.

❹ I'm well.
저는 _____.

❺ I'm fine.
저는 _____.

❻ I'm all right.
저는 _____.

❼ I'm OK.
저는 _____.

❽ I'm so-so.
저는 _____.

❾ I'm bad.
저는 _____.

❿ I'm terrible.
저는 _____.

 Track 48

## '날씨'를 나타내는 형용사

| 단어 | 발음 | 뜻 | 암기요령 및 사용법 |
|---|---|---|---|
| **hot** | [hát] | 더운 | It's a hot day, isn't it?<br>날씨가 덥군요. |
| **cold** | [kóuld] | 추운 | It's a cold day, isn't it?<br>날씨가 춥군요. |
| **warm** | [wɔ́ːrm] | 따뜻한 | It's a warm day, isn't it?<br>날씨가 따뜻하군요. |
| **cool** | [kúːl] | 시원한 | It's a cool day, isn't it?<br>날씨가 시원하군요. |
| **rainy** | [réini] | 비오는 | Seoul is rainy = It's rainy in Seoul.<br>서울은 비가 옵니다. |
| **snowy** | [snóui] | 눈이 내리는 | Cuncheon is snowy.<br>= It's snowy in Cuncheon. |
| **cloudy** | [kláudi] | 흐린 | It's a cloudy day, isn't it?<br>날씨가 흐리군요. |
| **windy** | [wíndi] | 바람이 센 | It's a windy day, isn't it?<br>바람이 세군요. |
| **clear** | [klíər] | 맑은 | It's a clear out, isn't it?<br>밖은 맑군요. |
| **sunny** | [sáni] | 햇빛 밝은 | It's a sunny out, isn't it?<br>밖은 햇빛이 밝군요. |

## 확인 문제 풀기

📝 문장을 읽고 빈칸에 들어갈 말을 쓰세요.

❶ It's a hot day today, isn't it?
날씨가 _____.

❷ It's a cold day, isn't it?
날씨가 _____.

❸ It's a warm day, isn't it?
날씨가 _____.

❹ It's a cool day, isn't it?
날씨가 _____.

❺ It's rainy in Seoul.
서울은 _____.

❻ It's snowy in Chuncheon.
춘천에는 _____.

❼ It's a cloudy day today, isn't it?
날씨가 _____.

❽ It's a windy day today, isn't it?
오늘은 _____.

❾ It's clear out, isn't it?
밖은 _____.

❿ It's sunny out, isn't it?
밖은 _____.

Day 6

 🎧 Track 49

# 함께 외우면 좋은 형용사 ①

| 단어 | 발음 | 뜻 | 암기요령 및 사용법 |
|---|---|---|---|
| **easy** | [íːzi] | 간단한 | It's easy for me to ~<br>~하는 것은 나에게는 간단하다 |
| **hard** | [háːrd] | 어려운 | It's hard for me to ~<br>~하는 것은 나에게는 어렵다 |
| **simple** | [símpl] | 간단한 | '단순한'이라는 뜻도 있다. |
| **difficult** | [dífikʌlt] | 어려운, 까다로운 | Tony is difficult.<br>토니는 까다롭다. |
| **hard** | [háːrd] | 딱딱한 | a hard ground 굳은 땅 |
| **soft** | [sɔ́ːft] | 부드러운 | Sue has soft skin.<br>수는 매끄러운 살결을 가지고 있다. |
| **good** | [gúd] | (몸에)좋은, 맛있는 | This is good. 이것은 맛있다. |
| **bad** | [bǽd] | 해로운, 상한 | This is bad. 이것은 상했다. |
| **happy** | [hǽpi] | 기쁜, 행복한 | Aren't you happy, Minsu?<br>민수야, 행복하지 않니? |
| **sad** | [sǽd] | 슬픈, 애석한 | It's sad to leave you.<br>당신과 헤어지게 돼서 슬픕니다. |

## 확인 문제 풀기

문장을 읽고 빈칸에 들어갈 말을 쓰세요.

① It's easy for me to swim.
  수영하는 것은 _____.

② It's hard for me to ski.
  스키를 타는 것은 _____.

③ This is a simple job.
  _____ 일이에요.

④ This is a difficult problem.
  이것은 _____ 문제예요.

⑤ This banana is still hard.
  이 바나나는 아직 _____.

⑥ This bed is too soft for me.
  이 침대는 너무 _____.

⑦ Milk is good for you.
  우유는 몸에 _____.

⑧ Smoking is bad for you.
  흡연은 몸에 _____.

⑨ I'm happy to see you again.
  다시 만나게 돼서 _____.

⑩ Don't be sad.
  _____ 마.

Day 6

## 함께 외우면 좋은 형용사 ②

| 단어 | 발음 | 뜻 | 암기요령 및 사용법 |
|---|---|---|---|
| **strong** | [strɔ́:ŋ] | 강한, 강렬한 | strong coffee 진한 커피 |
| **weak** | [wí:k] | 허약한, 묽은 | weak coffee 연한 커피 |
| **free** | [frí:] | 자유로운 | free time 자유 시간 |
| **busy** | [bízi] | 분주한 | The line is busy. 통화 중입니다. |
| **near** | [níər] | 가까운 | near to A A에 가까운 |
| **far** | [fá:r] | 먼 | far from A A와는 거리가 먼 |
| **right** | [ráit] | 올바른, 타당한 | igh는 [아이]라고 읽는다. |
| **wrong** | [rɔ́:ŋ] | 나쁜, 잘못된 | a wrong act 나쁜 행동 |
| **same** | [séim] | 같은 | a△e는 [에이]라고 발음한다. |
| **different** | [dífərənt] | 다른, 별난 | Tony is different. 토니는 별나다. |

122

## 확인 문제 풀기

📝 문장을 읽고 빈칸에 들어갈 말을 쓰세요.

① I have **strong** arms.
나는 _____ 팔을 가지고 있습니다.

② Judy is **weak**.
주디는 _____.

③ Are you **free** now?
지금 _____?

④ I'm **busy** studying.
공부하느라 _____.

⑤ My house is **near** to Prague Castle.
우리 집은 프라하 성에서 _____.

⑥ Tony's house is **far** from Prague Castle.
토니네 집은 프라하 성에서 _____.

⑦ You are **right**.
당신 말이 _____.

⑧ You are **wrong**.
당신 말은 _____.

⑨ Doyun and I are in the **same** class.
도윤이와 나는 _____ 반입니다.

⑩ Minsu and I stayed at a **different** hotel.
민수와 나는 _____ 호텔에 묵었습니다.

Day 6

🎧 Track 51

# 함께 외우면 좋은 형용사 ③

| 단어 | 발음 | 뜻 | 암기요령 및 사용법 |
|---|---|---|---|
| **poor** | [púər] | 가난한 | 발음기호 [u]는 [우]와 [오] 중간으로 발음한다. |
| **rich** | [rítʃ] | 부유한 | a rich man 부자 (현재 부자를 말한다. 필요 이상의 재물을 소유함.) |
| **black** | [blǽk] | 검은 | the black knight 흑기사 |
| **white** | [hwáit] | 흰 | i△e는 [아이]라고 발음한다. |
| **busy** | [bízi] | 바쁜, 번화한 | The line was busy. 통화 중이었다. |
| **free** | [fríː] | 한가한, 비어 있는 | Is this seat free?<br>이 자리 비어 있나요? |
| **quiet** | [kwáiət] | 조용한 | Be quite. 조용히 하세요. |
| **noisy** | [nɔ́izi] | 떠들썩한 | Don't be noisy. 떠들지 마라. |
| **dark** | [dáːrk] | 어두운 | get dark 어두워지다<br>be dark 어둡다 |
| **light** | [láit] | 밝은 | get light 밝아지다<br>be light 밝다 |

## 확인 문제 풀기

📝 문장을 읽고 빈칸에 들어갈 말을 쓰세요.

① Tony was poor when he was young.
토니는 젊었을 때 _____.

② Tony is rich.
토니는 _____.

③ I saw a black cat yesterday.
어제 _____ 고양이를 봤습니다.

④ I have seen a white crow.
_____ 까마귀를 본 적이 있습니다.

⑤ Are you busy now?
지금 _____?

⑥ I'm free now.
저는 지금 _____.

⑦ Would you please be quiet?
_____ 해주시겠습니까?

⑧ I don't like noisy places.
_____ 곳을 좋아하지 않습니다.

⑨ It's getting dark outside.
밖이 점점 _____ 있습니다.

⑩ It's still light outside.
밖은 아직 _____.

Day 6

## Track 52
## 틀리기 쉬운 형용사 ①

| 단어 | 발음 | 뜻 | 암기요령 및 사용법 |
|---|---|---|---|
| **early** | [ə́ːrli] | 빠른 | '시간적으로 빠르다'는 뜻이다. |
| **fast** | [fǽst] | 빠른 | '속도가 빠르다'는 뜻이다. |
| **late** | [léit] | 늦은 | '시간적으로 늦다'는 뜻이다. |
| **slow** | [slóu] | 느린 | '동작이나 속도가 느리다'는 뜻이다. |
| **full** | [fúl] | 가득 찬 | be full of ~ ~로 가득 차다 |
| **filled** | [fíld] | 가득 찬 | be filled with ~ ~로 가득하다 |
| **fine** | [fáin] | 맑은, 좋은 | 영국에서는 '비가 오지 않고 있다'는 뜻으로 쓰이기도 한다. |
| **nice** | [náis] | 맑은 | 미국에서는 날씨가 좋을 때 It's a nice day.라고 한다. |
| **tall** | [tɔ́ːl] | 키가 큰, 높은 | a tall building은 밑에서 올려다봤을 때 '높은 빌딩'. |
| **high** | [hái] | 높은 | a high building은 옥상에서 봤을 때 '높은 빌딩'. |

## 확인 문제 풀기

📝 문장을 읽고 빈칸에 들어갈 말을 쓰세요.

❶ Let's have an early lunch.
점심을 _____ 먹읍시다.

❷ Tony is a fast runner.
토니는 _____ 달립니다.(토니는 빠른 주자입니다.)

❸ You are late in coming, aren't you?
_____ 오셨군요.

❹ Judy is a slow runner.
주디는 _____ 달립니다.

❺ This box is full of books.
이 상자는 책으로 _____.

❻ This box is filled with books.
이 상자는 책으로 _____.

❼ It's a fine day today.
날씨가 _____. [영국 영어]

❽ It's a nice day today.
날씨가 _____. [미국 영어]

❾ This is a tall building, isn't it?
_____ 빌딩이군요. [밑에서 올려다봤을 때]

❿ This is a high building, isn't it?
_____ 빌딩이군요. [옥상에서 봤을 때]

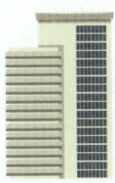

## 틀리기 쉬운 형용사 ②

| 단어 | 발음 | 뜻 | 암기요령 및 사용법 |
|---|---|---|---|
| interested | [íntərəstid] | 흥미있는 | be interested in ~ ~에 흥미가 있다 |
| interesting | [íntərəstiŋ] | 흥미로운 | 관심을 끄는, 호기심을 일으키는 |
| excited | [iksáitid] | 흥분한, 들뜬 | be[get] excited at[about]~ ~에 흥분하다 |
| exciting | [iksáitiŋ] | 흥분시키는 | exciting은 '흥분을 시키다'는 뜻이다. |
| surprised | [sərpráizd] | 놀란 | be surprised at ~ ~에 놀라다 |
| surprising | [sərpráiziŋ] | 놀랄 만한 | 놀라움을 주는, 놀라게 하는 |
| dying | [dáiiŋ] | 죽어가는 | 동사 die(죽다)의 ing형이다. |
| dead | [déd] | 죽은 | This plant is dead.<br>이 나무는 시들어 죽었다. |
| alive | [əláiv] | 살아 있는 | 'be+alive'형으로 사용된다. |
| living | [líviŋ] | 살아 있는 | 'living + 명사'형으로 사용된다. |

## 확인 문제 풀기

📝 문장을 읽고 빈칸에 들어갈 말을 쓰세요.

❶ I'm interested in China.
중국에 _____.

❷ China is interesting to me.
중국은 _____.

❸ I'm very excited about my trip.
나는 여행에 매우 _____ 있습니다.

❹ My trip is very exciting to me.
여행은 나를 매우 _____ 합니다.

❺ I'm surprised at the news.
그 소식을 듣고 _____.

❻ The news is surprising to me.
그 소식은 나에게 _____ .

❼ That dog is dying.
그 개는 _____ 있습니다.

❽ That dog is dead.
그 개는 _____.

❾ That dog is still alive.
그 개는 아직 _____.

❿ I am nice to all living things.
나는 모든 _____ 것들에 다정합니다.

Day 6

 🎧 Track 54
# 틀리기 쉬운 형용사 ③

| 단어 | 발음 | 뜻 | 암기요령 및 사용법 |
|---|---|---|---|
| **all** | [ɔ́ːl] | 모든 | all buses 모든 버스<br>all the bus 거기에 있는 모든 버스 |
| **every** | [évri] | 모든, 어느 ~도 | every bus는 모든 버스 |
| **each** | [íːtʃ] | 각각의 | each bus는 각각의 버스 |
| **too** | [túː] | ~도 | '나도'가 포함된 영문에서는<br>I와 too를 강하게 읽는다. |
| **also** | [ɔ́ːlsou] | ~도(역시) | also는 be 동사 뒤에 온다. |
| **either** | [íːðər] | ~도 | either는 부정문에서 too나 also역할을 한다. |
| **other** | [ʌ́ðər] | 다른 | any other boy 다른 어떤 소년 |
| **else** | [éls] | 다른 | anything else 다른 어떤 것 |
| **another** | [ənʌ́ðər] | 다른, 별개의 | another bag 다른[별개의] 가방 |
| **different** | [dífərənt] | 다른, 별개의 | another bag = a different bag<br>다른[별개의] 가방 |

## 확인 문제 풀기

📝 문장을 읽고 빈칸에 들어갈 말을 쓰세요.

❶ **All** the buses here go to Seoul Station.
이곳에 정차해 있는 _____ 버스는 서울역에 갑니다.

❷ **Every** bus here goes to Seoul Station.
이곳에 정차해 있는 _____ 버스는 서울역에 갑니다.

❸ **Each** bus here goes to Seoul Station.
이곳에 정차해 있는 _____ 버스는 서울역에 갑니다.

❹ I am a teacher, **too**.
저_____ 교사입니다.

❺ I am **also** a teacher.
저_____ 교사입니다.

❻ Minho isn't a teacher and Tony isn't a teacher, **either**.
민호는 선생님이 아닙니다. 그리고 토니_____ 선생님이 아닙니다.

❼ Doyun is taller than any **other** boy in his class.
도윤이는 반에서 다른 _____보다도 키가 큽니다.

❽ Health is more important than anything **else**.
건강은 _____ 어떤 것보다도 중요합니다.

❾ Please show me **another** bag.
저에게 _____ 가방을 보여주세요.

❿ Please show me a **different** bag.
저에게 _____ 가방을 보여주세요.

Day
6

🎧 Track 55

## 틀리기 쉬운 형용사 ④

| 단어 | 발음 | 뜻 | 암기요령 및 사용법 |
|---|---|---|---|
| **kind** | [káind] | 친절한 | 친하지 않은 사람에게 쓴다. |
| **nice** | [náis] | 친절한, 착한 | 친한 사람에게 쓴다. |
| **pretty** | [príti] | 귀여운, 예쁜 | 주로 여자 아이나 아기에게 쓴다. |
| **beautiful** | [bjúːtəfəl] | 아름다운 | 육체적으로 성숙하다는 의미가 들어 있다. |
| **large** | [láːrdʒ] | 큰 | 누가 봐도 크다고 느낄 때. |
| **big** | [bíg] | 큰 | 크다는 감정이 들어간 단어. |
| **little** | [lítl] | 작은 | 작고 귀엽다는 감정이 들어간 단어. |
| **small** | [smɔ́ːl] | 작은 | 누가 봐도 작다고 느낄 때 사용한다. |
| **good** | [gúd] | 맛있는, 좋은 | be good for ~ ~에 좋다 |
| **delicious** | [dilíʃəs] | 맛있는 | very delicious는 올바른 표현이 아니다. |

### 확인 문제 풀기

📝 문장을 읽고 빈칸에 들어갈 말을 쓰세요.

❶ Our English teacher is kind.
  우리 영어 선생님은 _____ .

❷ Tony is nice.
  토니는 _____ .

❸ That girl is pretty, isn't she?
  저 여자애 _____?

❹ That English teacher is beautiful, isn't she?
  저 영어 선생님 _____?

❺ Give me a large coke.
  _____ 콜라를 주세요.

❻ Your house is big, isn't it?
  집이 _____?

❼ Sangmi is little.
  상미는 _____.

❽ Sangmi is small.
  상미는 _____.

❾ This is good.
  이것은 _____.

❿ This is delicious.
  이것은 _____.

Day 6

# 56 비슷한 형태의 형용사

🎧 Track 56

| 단어 | 발음 | 뜻 | 암기요령 및 사용법 |
|---|---|---|---|
| **special** | [spéʃəl] | 특별한 | be a special to A  A에게 특별한 |
| **national** | [næʃənl] | 국립의, 국가의 | a national flag 국기 |
| **international** | [intərnæʃənl] | 국제적인 | go international 국제화하다 |
| **wonderful** | [wʌ́ndərfəl] | 훌륭한 | wonder(놀라움) + ful(가득한) |
| **useful** | [júːsfəl] | 쓸모 있는 | use(사용) + ful(가득한) |
| **helpful** | [hélpfəl] | 도움이 되는 | help(도움) + ful(가득한) |
| **famous** | [féiməs] | 유명한 | fame(명성)의 e를 지우고 + ous(가득한) |
| **dangerous** | [déindʒərəs] | 위험한 | danger(위험) + ous(가득한) |
| **enough** | [inʌ́f] | 충분한 | ou부분을 조금 길게 발음하기도 한다. |
| **young** | [jʌ́ŋ] | 젊은 | stay young 젊음을 유지하다 |

## 확인 문제 풀기

문장을 읽고 빈칸에 들어갈 말을 쓰세요.

① You are special to me.
   당신은 _____ 합니다.

② I go to a national university.
   나는 _____ 대학에 다닙니다.

③ Korea is going international, isn't it?
   한국은 _____ 있지요?

④ Wonderful weather today, isn't it?
   날씨가 _____.

⑤ Is your English useful?
   당신의 영어는 _____?

⑥ This book is helpful to you.
   이 책이 _____ 것입니다.

⑦ I want to be famous.
   _____ 지고 싶습니다.

⑧ This area is dangerous.
   이 지역은 _____.

⑨ Do you have enough money to buy this bike with?
   당신은 이 자전거를 살만한 _____ 돈이 있습니까?

⑩ I want to stay young for good.
   _____을 유지하고 싶습니다.

# Day 7

월   일

부사
전치사
접속사
부정대명사

 Track 57

# '장소, 방향'을 나타내는 부사

| 단어 | 발음 | 뜻 | 암기요령 및 사용법 |
|---|---|---|---|
| here | [híər] | 여기에 | come to Seoul 서울에 오다<br>come here 여기에 오다 |
| there | [ðɛ́ər] | 그곳에, 거기로 | go to Seoul 서울로 가다<br>go there 그곳에 가다 |
| over here | [óuvər híər] | 이쪽으로 | over만으로도 '이쪽으로'라는 뜻이 있다. |
| over there | [óuvər ðɛ́ər] | 저쪽에 | in there 안쪽에, out there 바깥쪽에<br>down there 아래쪽에, up there 위쪽에 |
| everywhere | [évrihwèər] | 어디든지 | everywhere = anywhere<br>어디든지, 어디서나 |
| anywhere | [énihwèər] | 어디든지, 아무데도 | Don't stop anywhere.<br>어디에도 들르지 마라. |
| in | [in] | 안에 | Tony isn't in.<br>토니는 집에 없습니다. |
| out | [áut] | 밖에, 밖으로 | Tony is out.<br>토니는 외출 중입니다. |
| straight | [stréit] | 똑바로 | Come straight home.<br>곧장 집으로 와라. |

### 확인 문제 풀기

📝 문장을 읽고 빈칸에 들어갈 말을 쓰세요.

❶ Shall we eat here?
우리 _____ 먹을까요?

❷ Then I will be right there.
그러면 내가 바로 _____ 가겠습니다.

❸ Can you come over here?
_____ 와주겠습니까?

❹ Can you see a fire over there?
_____ 불이 난 것이 보입니까?

❺ I go everywhere in my car.
내 차로 _____ 갑니다.

❻ You can buy this book anywhere in Korea.
이 책은 한국 _____ 살 수 있습니다.

❼ My father isn't in today.
아버지는 오늘 _____.

❽ My father is out today.
아버지는 _____.

❾ Go straight home.
집으로 _____ 와라.

# Track 58
## '장소, 시간'을 나타내는 부사

| 단어 | 발음 | 뜻 | 암기요령 및 사용법 |
|---|---|---|---|
| **upstairs** | [ʌpstéərz] | 위층으로, 2층으로 | live upstairs 위층[2층]에 살다 |
| **downstairs** | [dáunstéərz] | 아래층으로, 1층에 | live downstairs 아래층[1층]에 살다 |
| **home** | [houm] | 집에 | stay home 집에 있다<br>come home 집에 오다 |
| **downtown** | [dáuntáun] | 도심지에 | downtown은 주택가가 아닌 번화가를 뜻한다. |
| **overseas** | [óuvərsi:z] | 해외에 | overseas = abroad<br>해외에, 해외로, 해외에서 |
| **abroad** | [əbrɔ́:d] | 해외에, 해외로 | a[에서]+broad[넓은]<br>study abroad 외국에서 공부하다 |
| **here** | [híər] | 여기에 | live here 여기에 살고 있다 |
| **there** | [ðéər] | 그곳에 | stay there 그곳에 머물다 |
| **where** | [hwɛ́ər] | 어디에 | Where는 명사 역할을 한다.<br>Where do you come from? 어디서 왔어? |
| **when** | [hwén] | 언제 | When did you come to Korea?<br>언제 한국에 왔니? |

### 확인 문제 풀기

문장을 읽고 빈칸에 들어갈 말을 쓰세요.

❶ I live upstairs.
나는 _____ 살고 있습니다.

❷ My parents live downstairs.
부모님은 _____ 살고 계십니다.

❸ I stay home every Sunday.
나는 매주 일요일에 _____ 있습니다.

❹ Shall we go shopping downtown?
우리 _____ 쇼핑하러 갈까요?

❺ I like going overseas.
나는 _____ 가는 것을 좋아합니다.

❻ I want to study abroad.
나는 _____ 공부하고 싶습니다.

❼ I live here.
나는 _____ 살고 있습니다.

❽ Stay there.
_____ 있으세요.

❾ Where do you live?
당신은 _____ 살고 있습니까?

❿ When do you study?
당신은 _____ 공부합니까?

Track 59

## 59 '방향'을 나타내는 부사

| 단어 | 발음 | 뜻 | 암기요령 및 사용법 |
|---|---|---|---|
| **up** | [ʌ́p] | 위로 | Stand up. 일어서.<br>'up하여 stand하라'는 뜻이다. |
| **down** | [dáun] | 밑으로 | Sit down. 앉아.<br>'down하여 sit하라'는 뜻이다. |
| **right** | [ráit] | 오른쪽으로 | Turn right. 오른쪽으로 도세요. |
| **left** | [léft] | 왼쪽으로 | Turn left. 왼쪽으로 도세요. |
| **north** | [nɔ́ːrθ] | 북쪽으로 | walk north 북쪽으로 걸어가다 |
| **south** | [sáuθ] | 남쪽으로 | look south 남쪽을 보다 |
| **east** | [íːst] | 동쪽으로 | face east 동쪽을 향하다 |
| **west** | [wést] | 서쪽으로 | how far west 어느 정도 서쪽으로 |

## 확인 문제 풀기

📝 문장을 읽고 빈칸에 들어갈 말을 쓰세요.

❶ Please stand up.
　_____ 주세요.

❷ Please sit down.
　_____ 주세요.

❸ Turn right at the first corner.
　첫 번째 모퉁이에서 _____ 돌아주세요.

❹ Turn left at the second corner.
　두 번째 모퉁이에서 _____ 돌아주세요.

❺ Walk north from Hongdae Station.
　홍대역에서 _____ 걸으세요.

❻ Look south from N Tower.
　N타워에서 _____ 을 보세요.

❼ Our house faces east.
　우리 집은 _____ 향해 있습니다.

❽ How far west should I go from Mapo Station?
　마포역에서 어느 정도 _____ 걸어가면 됩니까?

**Day 7**

## Track 60
## '빈도, 횟수'를 나타내는 부사

| 단어 | 발음 | 뜻 | 암기요령 및 사용법 |
|---|---|---|---|
| **always** | [ɔ́:lweiz] | 언제나, 항상 | not이 오는 위치에 쓰기도 한다. |
| **usually** | [jú:ʒuəli] | 평소에 | not이 오는 위치에 쓰기도 한다. |
| **often** | [ɔ́:fən] | 흔히, 자주 | often의 t발음은 보통 생략한다. |
| **sometimes** | [sʌ́mtàimz] | 때때로 | some(약간의) + times(횟수) |
| **ever** | [évər] | 때때로 | 현재시제의 의문문에서는 sometimes 대신에 ever를 사용한다. |
| **never** | [névər] | 결코 ~않다 | not ever = never |
| **once** | [wʌ́ns] | 한 번, 1회 | one time = once 한 번[1회] |
| **twice** | [twáis] | 두 번, 2회 | two times = twice 두 번[2회] |
| **three times** | [θrí: táimz] | 세 번, 3회 | 2회 이상을 나타낼 때는 ~times 처럼 표현한다. |
| **many times** | [méni táimz] | 몇 번이나, 여러번 | many(많은) + times(횟수) |

## 확인 문제 풀기

📝 문장을 읽고 빈칸에 들어갈 말을 쓰세요.

① I always eat breakfast.
나는 _____ 아침식사를 합니다.

② My younger brother usually eats breakfast.
내 남동생은 _____ 아침 식사를 합니다.

③ My older brother often eats breakfast.
우리 형은 _____ 아침 식사를 합니다.

④ I sometimes eat out.
나는 _____ 외식을 합니다.

⑤ Does your father ever eat out?
너희 아버지는 _____ 외식을 하시니?

⑥ My father never eats out.
우리 아버지는 _____ 외식을 하지 않습니다.

⑦ My father eats out once a week.
우리 아버지는 일주일에 _____ 외식을 하십니다.

⑧ My mother eats out twice a month.
우리 어머니는 한 달에 _____ 외식을 하십니다.

⑨ I eat out three times a week.
나는 일주일에 _____ 외식을 합니다.

⑩ I have been to Paris many times.
나는 파리에 _____ 갔었습니다.

Day 7

 Track 61

# 틀리기 쉬운 전치사 ①

| 단어 | 발음 | 뜻 | 암기요령 및 사용법 |
|---|---|---|---|
| at | [ət] | ~에 | begin at nine o'clock<br>9시에 시작하다 |
| in | [in] | ~에 | begin in spring 봄에 시작하다 |
| on | [án] | ~에 | begin on Monday<br>월요일에 시작하다 |
| by | [bai] | ~까지는 | by noon 정오까지는 |
| before | [bifɔ́:r] | ~전에 | before noon 정오 전에 |
| till | [tíl] | ~까지 | till noon 정오까지 |
| in | [in] | ~동안에 | in two hours 2시간 안에 |
| within | [wiðín] | ~이내에 | within two hours 2시간 이내에 |
| after | [ǽftər] | ~뒤에 | after two hours 2시간 뒤에<br>과거 시제와 함께 사용된다. |
| after | [ǽftər] | ~이후라면 | after two o'clock 2시 이후라면<br>미래를 나타낼 경우. |

## 확인 문제 풀기

📝 문장을 읽고 빈칸에 들어갈 말을 쓰세요.

① School begins at nine o'clock.
학교는 9시_____ 시작합니다.

② School begins in spring.
학교는 봄_____ 시작합니다.

③ School begins on Monday.
학교는 월요일_____ 시작합니다.

④ Then I will be back by noon.
그러면 저는 정오_____ 돌아오겠습니다.

⑤ Then I will be back before noon.
그러면 저는 정오 _____ 돌아오겠습니다.

⑥ Then I will wait for you till noon.
그러면 저는 정오_____ 기다리겠습니다.

⑦ Then I will be back in two hours.
그러면 저는 2시간 _____ 돌아오겠습니다.

⑧ Then I will be back within two hours.
그러면 저는 2시간 _____ 돌아오겠습니다.

⑨ My father came back after two hours.
아버지는 2시간 _____ 돌아오셨습니다.

⑩ I will be free after two o'clock.
저는 2시 _____ 한가합니다.

Day 7

# 틀리기 쉬운 전치사 ②

Track 62

| 단어 | 발음 | 뜻 | 암기요령 및 사용법 |
|---|---|---|---|
| from | [frəm] | ~부터 | from yesterday till today<br>어제부터 오늘까지 |
| since | [síns] | ~부터 지금까지 | since yesterday<br>어제부터 지금까지 |
| for | [fɔ́:r] | ~동안 | for three days 사흘 동안 |
| during | [djúəriŋ] | ~동안 | during (the) summer vacation<br>여름 방학 동안 |
| for | [fɔ́:r] | ~에 찬성하여 | I am for your plan.<br>당신 계획에 찬성합니다. |
| against | [əgénst] | ~에 반대하여 | Are you for or against my plan?<br>내 계획에 찬성이야, 아니면 반대야? |
| with | [wið] | ~을 사용하여 | with money 돈으로 |
| without | [wiðáut] | ~없이 | I can't live without you.<br>당신 없이 살 수 없어요.<br>without studying 공부를 하지 않고 |
| on | [án] | ~위에 | on the wall 벽에 |
| over | [óuvər] | ~[바로] 위쪽에 | over my head 내 머리 바로 위에 |

## 확인 문제 풀기

📝 문장을 읽고 빈칸에 들어갈 말을 쓰세요.

❶ I have been busy from yesterday till today.
나는 어제_____ 오늘까지 계속 바쁩니다.

❷ I have been busy since yesterday.
나는 어제_____ 계속 바쁩니다.

❸ I have been busy for three days.
나는 3일 _____ 계속 바쁩니다.

❹ I stayed at Tony's house during (the) summer vacation.
나는 여름 방학 _____ 토니의 집에 머물렀습니다.

❺ I am for your plan.
나는 당신의 계획_____합니다.

❻ I am against your plan.
나는 당신의 계획_____합니다

❼ You can't buy happiness with money.
돈_____ 행복을 살 수 없습니다.

❽ You can't pass the test without studying.
공부를 _____ 시험에 합격할 수 없습니다.

❾ There is a light on the wall.
벽_____ 전등이 있습니다.

❿ The light over my head is broken.
내 머리 _____ 있는 전등이 깨져 있습니다.

Day 7

## 비교하면서 외우는 전치사

| 단어 | 발음 | 뜻 | 암기요령 및 사용법 |
|---|---|---|---|
| across | [əkrɔ́ːs] | ~을 가로질러 | go across A A를 가로지르다 |
| along | [əlɔ́ːŋ] | ~을 따라서 | walk along A A를 따라 걸어가다 |
| around | [əráund] | ~ 주위에 | run around A A의 주위를 뛰다 |
| through | [θrú] | ~을 통과하여 | go through A A를 통과하여 가다 |
| over | [óuvər] | ~ 위에 | fly over A = A 위를 날다 |
| under | [ʌ́ndər] | ~ 아래에 | sit under A = A 밑에 앉다 |
| between | [bitwíːn] | (2개) 사이에 | between seven and nine 7과 9 사이에 |
| among | [əmʌ́ŋ] | (3개 이상) 사이에 | among the trees 나무들 사이에 |
| in | [in] | ~ 안에 | in A A 안에 |
| out | [aut] | ~밖을[밖으로] | out of 형으로도 많이 쓴다. |

## 확인 문제 풀기

📝 문장을 읽고 빈칸에 들어갈 말을 쓰세요.

❶ Let's go across the street.
   길을 _____.

❷ Let's walk along the street.
   길을 _____ 걸어갑시다.

❸ Let's run around the track three times.
   트랙 _____를 세 번 돕시다.

❹ Let's go through the field.
   들판을 _____ 갑시다.

❺ A UFO was flying over my head.
   UFO 한 대가 내 머리 _____ 날아갔습니다.

❻ There is a man sitting under that tree.
   저 나무 _____ 어떤 남자가 앉아 있습니다.

❼ Please call me up between seven and nine.
   7시에서 9시 _____ 저에게 전화해 주세요.

❽ Our school stands among the trees.
   우리 학교는 나무들 _____ 서 있습니다.

❾ There are thirty oranges in this box.
   이 상자 _____ 오렌지 30개가 들어 있습니다.

❿ He looked out the window.
   그는 창 _____을 내다보았다.

Day 7

## Track 64
## 64 비교하면서 외우는 접속사

| 단어 | 발음 | 뜻 | 암기요령 및 사용법 |
|---|---|---|---|
| **and** | [ənd] | 그리고 | 문장 and 문장, 단어 and 단어, 동사 and 동사 등 다양하게 사용한다. |
| **but** | [bʌt] | 그러나 | 문장, but 문장의 형태로 사용한다. |
| **or** | [ɔ́:r] | 또는 | A or B  A 또는 B |
| **after** | [ǽftər] | ~한 뒤에 | after I eat dinner 저녁 식사 후에 |
| **before** | [bifɔ́:r] | ~하기 전에 | before I study 공부하기 전에 |
| **because** | [bikɔ́:z] | ~하기 때문에 | because I love you 너를 사랑하니까 |
| **as** | [əz] | ~이므로 | as I am happy 나는 행복하므로 |
| **so** | [sóu] | 그러므로 | I am happy, so I am crying. 기쁩니다. 그래서 울고 있습니다. |
| **if** | [if] | 만약 ~라면 | if you are happy 만약 네가 행복하다면 |
| **when** | [hwén] | ~할 때 | when you get there 당신이 그곳에 도착하면 |

152

## 확인 문제 풀기

문장을 읽고 빈칸에 들어갈 말을 쓰세요.

① I play the piano and you play the flute.
나는 피아노를 치_____ 너는 플루트를 분다.

② I can play the piano, but I can't play the flute.
나는 피아노를 칠 수 _____ 플루트를 불지 못한다.

③ Is this pen yours or mine?
이 펜은 네거니? _____ 내거니?

④ I study after I eat dinner.
나는 저녁 식사 _____ 공부를 합니다.

⑤ I eat dinner before I study.
나는 공부를 하기 _____ 저녁을 먹습니다.

⑥ I am crying because I am happy.
나는 행복_____ 울고 있습니다.

⑦ As I am happy, so I am crying.
나는 행복합니다. _____ 울고 있습니다.

⑧ I am happy, so I am crying.
나는 행복합니다. _____ 울고 있습니다.

⑨ If you are happy, I am happy.
당신이 행복_____, 나는 행복합니다.

⑩ When you are happy, I am happy.
당신이 행복할 _____ 나는 행복합니다.

Day 7

153

# Track 65
## some과 any로 시작하는 부정대명사

| 단어 | 발음 | 뜻 | 암기요령 및 사용법 |
|---|---|---|---|
| **someone** | [sʌ́mwʌ̀n] | 누군가 | some(어떤) + one(사람) someone은 격식을 차린 말이다. |
| **somebody** | [sʌ́mbàdi] | 누군가 | somebody가 someone보다는 구문에서 자주 사용된다. |
| **something** | [sʌ́mθìŋ] | 무엇인가 | 주로 긍정문(평서문)에서 사용한다. |
| **sometime** | [sʌ́mtàim] | 언젠가 | some(몇 개의) + times(횟수) = sometimes 때때로 |
| **someday** | [sʌ́mdèi] | 언젠가 | someday, sometime은 미래를 나타낸다. |
| **anybody** | [énibàdi] | 누군가, 누구라도 | 미국에서는 anyone보다 anybody를 많이 쓴다. |
| **anyone** | [éniwʌ̀n] | 누군가, 누구라도 | 관계대명사 who와 함께 올 때는 anyone을 사용한다. |
| **anything** | [éniθìŋ] | 무언가 | 의문사와 함께 사용한다. yes를 기대할 때는 anything 대신 something을 사용하기도 한다. |
| **anything** | [éniθìŋ] | 무엇이든지 | 긍정문(평서문)과 함께 사용한다. |
| **anyway** | [éniwèi] | 어쨌든 | I'm tired, but I will study anyway. 피곤하지만, 그래도 공부할게요. |

### 확인 문제 풀기

문장을 읽고 빈칸에 들어갈 말을 쓰세요.

❶ There is **someone** at the door.
현관에 _____ 있습니다.

❷ There is **somebody** at the door.
현관에 _____ 있습니다.

❸ There is **something** charming about Ms. Park.
박 선생님은 _____ 유쾌한 면이 있습니다.

❹ I'd like to see you **sometime**.
(가능하면) _____ 당신을 만나 뵙고 싶습니다.

❺ I'd like to see you **someday**.
(가능하면) _____ 당신을 만나 뵙고 싶습니다.

❻ Do you have **anybody** in mind?
_____ 짐작 가는 사람이 있습니까?

❼ Do you have **anyone** in mind?
_____ 짐작 가는 사람이 있습니까?

❽ Do you have **anything** to say?
_____ 말하고 싶은 것이 있습니까?

❾ You can do **anything** while you are still young.
젊을 때는 _____ 할 수 있습니다.

❿ **Anyway** I will call you.
_____ 전화하겠습니다.

# 함께 외우면 편리한 단어 (1)

 🎧 Track 66

# 셀 수 없는(=불가산) 명사

| 단어 | 발음 | 뜻 | 암기요령 및 사용법 |
|---|---|---|---|
| **juice** | [dʒúːs] | 주스 | a glass of juice 주스 한 잔 |
| **water** | [wɔ́ːtər] | 물 | a glass of water 물 한 잔 |
| **milk** | [mílk] | 우유 | a glass of milk 우유 한 잔 |
| **tea** | [tíː] | 홍차 | a cup of tea 차 한 잔<br>my cup of tea 내가 좋아하는 것 |
| **coffee** | [kɔ́ːfi] | 커피 | a cup of coffee 커피 한 잔 |
| **news** | [njúːz] | 뉴스, 소식 | a piece of news 소식 하나 |
| **advice** | [ædváis] | 충고 | a piece of advice 충고 하나 |
| **paper** | [péipər] | 종이 | a piece of paper 종이 한 장 |
| **work** | [wə́ːrk] | 일 | I have a lot of work to do.<br>나는 해야 할 일이 많습니다. |
| **homework** | [hóumwə́ːrk] | 숙제 | I have a lot of homework to do.<br>나는 해야 할 숙제가 많습니다. |

### 확인 문제 풀기

📝 문장을 읽고 빈칸에 들어갈 말을 쓰세요.

❶ I want a glass of juice.
　　_____ 한 잔 주세요.

❷ Please give me some water.
　　_____ 좀 주세요.

❸ Won't you have some milk?
　　_____를 좀 마시지 않을래요?

❹ I'd like a cup of tea.
　　_____ 한 잔 주시겠어요?

❺ Coffee, please.
　　_____ 주세요.

❻ I have good news for you.
　　당신에게 좋은 _____이 있습니다.

❼ Please give me a piece of good advice.
　　저에게 좋은 _____ 한마디 해주세요.

❽ I want three pieces of paper.
　　_____ 세 장을 원합니다.

❾ I have a lot of work to do today.
　　오늘 해야 할 _____이 많습니다.

❿ I have to do a lot of homework today.
　　나는 오늘 해야 할 _____가 많습니다.

Day 8

159

## 67. 단축형이 있는 명사

🎧 Track 67

| 단어 | 발음 | 뜻 | 암기요령 및 사용법 |
|---|---|---|---|
| **television** | [téləvìʒən] | 텔레비전 | watch television 텔레비전을 보다 |
| **TV** | [tíːvíː] | 텔레비전 | I saw a movie on TV.<br>나는 TV에서 영화 한 편을 봤습니다. |
| **telephone** | [téləfòun] | 전화 | The telephone is ringing.<br>전화벨이 울리고 있습니다. |
| **phone** | [fóun] | 전화 | Can I use this phone?<br>이 전화를 써도 될까요? |
| **bicycle** | [báisikl] | 자전거 | by bicycle 자전거로 |
| **bike** | [báik] | 자전거 | 회화에서는 bicycle보다는 bike를 사용한다. |
| **mathematics** | [mæ̀θəmǽtiks] | 수학 | I like mathematics.<br>나는 수학을 좋아합니다. |
| **math** | [mǽθ] | 수학 | 보통 math를 사용한다. |
| **mountain** | [máuntən] | 산 | climb a mountain 산에 오르다 |
| **Mt.** | [máunt] | 산 | Mt. Halla 한라산 |

## 확인 문제 풀기

📝 문장을 읽고 빈칸에 들어갈 말을 쓰세요.

① I like to watch television.
   나는 _____ 시청을 좋아합니다.

② I saw a movie on TV yesterday.
   나는 _____ 에서 영화를 봤습니다.

③ The telephone is ringing.
   _____ 벨이 울리고 있습니다.

④ Can I use this phone?
   이 _____ 를 써도 될까요?

⑤ I go to school by bicycle.
   나는 _____ 학교에 갑니다.

⑥ What a cool bike this is!
   이건 정말 멋있는 _____ 구나!

⑦ I like mathematics.
   _____ 을 좋아합니다.

⑧ I don't like math very much.
   나는 _____ 을 너무 싫어합니다.

⑨ Shall we climb that mountain tomorrow?
   내일 저 _____ 에 오를까요?

⑩ I can't see Mt. Halla clearly.
   한라_____ 을 또렷하게 볼 수 없습니다.

Day 8

# 68 '색'을 나타내는 명사와 형용사

Track 68

| 단어 | 발음 | 뜻 | 암기요령 및 사용법 |
|---|---|---|---|
| **black** | [blǽk] | 검정, 검은 | be in black<br>검은옷을 입고 있다 |
| **white** | [wáit] | 흰색, 흰 | be in white<br>흰옷을 입고 있다 |
| **red** | [réd] | 빨간색, 빨간 | be in the red<br>적자다 |
| **blue** | [blúː] | 청색, 파란 | be wearing blue<br>파란색 옷을 입고 있다 |
| **brown** | [bráun] | 갈색, 갈색의 | always wear brown<br>늘 갈색 옷을 입고 있다 |
| **gray** | [gréi] | 회색, 회색의 | ay는 [에이]라고 읽는다 |
| **green** | [gríːn] | 녹색, 녹색의 | be covered with green<br>녹색으로 덮여 있다 |
| **silver** | [sílvər] | 은색, 은, 은색의 | be made of silver<br>은으로 만들어져 있다 |
| **gold** | [góuld] | 금색, 금 | gold의 형용사는 golden(황금빛의). |
| **yellow** | [jélou] | 노란색, 노란색의 | turn yellow 노란색으로 변하다<br>turn + 형용사 / turn to + 명사 |

## 확인 문제 풀기

📝 문장을 읽고 빈칸에 들어갈 말을 쓰세요.

① That man is in black.
그 남자는 _____ 있습니다.

② That lady is in white.
그 숙녀는 _____ 있습니다.

③ Our company isn't in the red.
우리 회사는 _____가 아닙니다.

④ That boy is wearing blue.
그 소년은 _____을 입고 있습니다.

⑤ I like this brown bag.
나는 이 _____ 가방을 좋아합니다.

⑥ I don't like gray.
나는 _____을 좋아하지 않습니다.

⑦ That hill is covered with green.
그 언덕은 _____으로 덮여 있습니다.

⑧ Mina's ring is made of silver.
미나의 반지는 _____으로 만든 것입니다.

⑨ This spoon is made of gold.
이 숟가락은 _____으로 만든 것입니다.

⑩ Leaves are turning yellow.
잎들이 _____ 변해 가고 있습니다.

Day 8

 Track 69

## '국적, 언어'를 나타내는 명사와 형용사

| 단어 | 발음 | 뜻 | 암기요령 및 사용법 |
|---|---|---|---|
| **Korean** | [kərí:ən] | 한국의, 한국어, 한국인 | 보통 I am a Korean. 보다는 I am Korean.으로 쓴다. |
| **Chinese** | [tʃaini:z] | 중국의, 중국어, 중국인 | a Chinese boy와 같이 말 할 때는 Chi를 강하게 발음한다. |
| **French** | [fréntʃ] | 프랑스의, 프랑스어, 프랑스인 | speak French 프랑스어를 말하다 |
| **Italy** | [itǽliən] | 이탈리아의, 이탈리아어, 이탈리아인 | speak Italian 이탈리아어를 말하다 |
| **German** | [dʒə́:rmən] | 독일의, 독일어, 독일인 | I am German. 나는 독일 사람입니다. speak German 독일어를 말하다 |
| **Spanish** | [spǽniʃ] | 스페인의, 스페인어 스페인인 | I am Spanish. 나는 스페인 사람입니다. |
| **Australian** | [ɔ(:)stréiljən] | 호주의, 호주인 | Australian English 호주 영어 |
| **Canadian** | [kənéidiən] | 캐나다의, 캐나다인 | Canadian English 캐나다 영어 |
| **American** | [əmérikən] | 미국의, 미국인 | American English 미국 영어 |
| **British** | [brítiʃ] | 영국의, 영국인 | British English 영국 영어 |

## 확인 문제 풀기

📝 문장을 읽고 빈칸에 들어갈 말을 쓰세요.

① I speak Korean.
나는 _____를 말합니다.

② I speak Chinese.
나는 _____를 말합니다.

③ I speak French.
나는 _____를 말합니다.

④ I speak Italian.
나는 _____를 말합니다.

⑤ I speak German.
나는 _____를 말합니다.

⑥ I am Spanish.
나는 _____입니다.

⑦ I am Australian.
나는 _____입니다.

⑧ I am Canadian.
나는 _____입니다.

⑨ I am American.
나는 _____입니다.

⑩ I am British.
나는 _____입니다.

 Track 70

## '동작'을 나타내는 동사와 '사람'을 나타내는 명사 ①

| 단어 | 발음 | 뜻 | 암기요령 및 사용법 |
|---|---|---|---|
| run | [rʌ́n] | 뛰다 | un은 [언]으로 발음한다. |
| runner | [rʌ́nər] | 주자, 경주자 | 모음이 아, 이, 우, 에, 오 하나 뿐일 때는 자음을 하나더 쓰고 er을 붙인다. |
| swim | [swím] | 헤엄치다 | swim well 헤엄을 잘 친다 |
| swimmer | [swímər] | 헤엄치는 사람 | swim well = be a good swimmer |
| write | [ráit] | 글자를 쓰다 | write well 글씨를 잘 쓰다<br>This pen writes well. 이 펜은 잘 써진다 |
| writer | [ráitər] | 작가 | write well = be a good writer |
| eat | [íːt] | 먹다 | eat a lot 많이 먹다<br>eat a little 조금 먹다 |
| eater | [íːtər] | 먹는 사람 | be a good eater 식욕이 왕성하다 |
| drink | [dríŋk] | 술을 마시다 | I don't drink or smoke. 나는 술을 마시거나 담배를 피우지 않는다. |
| drinker | [dríŋkər] | 술 마시는 사람 | a heavy drinker<br>술을 많이 마시는 사람(술고래) |

166

## 확인 문제 풀기

문장을 읽고 빈칸에 들어갈 말을 쓰세요.

① Doyun runs fast.
도윤이는 빨리 _____.

② Doyun is a fast runner.
도윤이는 빠른 _____ 다.

③ Minho swims well.
민호는 _____.

④ Minho is a good swimmer.
민호는 좋은 _____.

⑤ Ms. Kim writes well.
김 선생님은 글을 잘 _____.

⑥ Ms. Kim is a good writer.
김 선생님은 좋은 _____ 입니다.

⑦ My son Tony eats a lot.
내 아들 토니는 많이 _____.

⑧ My son Tony is a good eater.
나의 아들 토니는 _____.

⑨ I don't smoke or drink.
나는 _____ 담배를 피우지 않습니다.

⑩ I am not a heavy drinker.
나는 _____ 이 아닙니다.

Day 8

## Track 71

# 71 '동작'을 나타내는 동사와 '사람'을 나타내는 명사 ②

| 단어 | 발음 | 뜻 | 암기요령 및 사용법 |
|---|---|---|---|
| **lead** | [líːd] | ~을 이끌다 | lead the world 세계를 이끌다 |
| **leader** | [líːdər] | 지도자, 선도자 | the leader of the world 세계의 지도자 |
| **make** | [méik] | 만들다 | make watches 시계를 만들다 |
| **maker** | [méikər] | 만드는 사람, 제조 회사 | a watchmaker 어떤 시계 제조회사 |
| **begin** | [bigín] | 시작하다 | begin to learn English 영어를 배우기 시작하다 |
| **beginner** | [bigínər] | 초심자, 초보자 | a beginner in English 영어 초보자 |
| **read** | [ríːd] | 읽다, 독서하다 | read fast 속독하다 |
| **reader** | [ríːdər] | 독자, 독서가 | a fast reader 책을 빨리 읽는 사람 |
| **listen** | [lísn] | 듣다 | listen to AFKN AFKN을 듣다 |
| **listener** | [lísnər] | 청취자, 경청자 | a listener of AFKN AFKN의 청취자 |

### 확인 문제 풀기

📝 문장을 읽고 빈칸에 들어갈 말을 쓰세요.

① America is leading the world.
미국이 세계를 _____.

② America is the leader of the world.
미국은 세계의 _____ 입니다.

③ Seiko makes watches.
세이코는 시계를 _____.

④ Seiko is a watchmaker.
세이코는 _____ 입니다.

⑤ Starting this year, I am going to begin learning English.
올해부터 영어를 배우기 _____ 예정입니다.

⑥ I am a beginner in English.
나는 영어 _____ 입니다.

⑦ Mina reads fast.
미나는 빨리 _____.

⑧ Mina is a fast reader.
미나는 _____ 합니다.

⑨ I listen to AFKN every day.
나는 매일 AFKN(미군방송)을 _____.

⑩ I am a listener of AFKN.
나는 AFKN의 _____ 입니다.

Day 8

 Track 72

# 동사와 -ing로 끝나는 명사 ①

| 단어 | 발음 | 뜻 | 암기요령 및 사용법 |
|---|---|---|---|
| mean | [míːn] | ~을 의미하다 | What does this word mean?<br>이 단어는 무슨 뜻입니까? |
| meaning | [míːniŋ] | 의미, 뜻 | What's the meaning of this word?<br>= What does this word mean? |
| meet | [míːt] | ~를 만나다 | meet는 '처음 만나다'라는 뜻으로 자주 사용된다. |
| meeting | [míːtiŋ] | 모임, 회의 | meeting은 '두 사람 이상의 모임'이 원래 뜻이다. |
| park | [páːrk] | ~을 주차시키다 | park my car 내 차를 주차시키다<br>park 주차하다 |
| parking | [páːrkiŋ] | 주차, 주차 장소 | No parking. 주차금지 |
| paint | [péint] | 그림을 그리다 | paint 그림물감으로 그림을 그리다<br>draw 선으로 그림을 그리다 |
| painting | [péintiŋ] | 그림 그리기 | a painting 물감으로 그린 그림 한 장<br>a drawing 선으로 그린 그림 한 장 |
| fish | [fiʃ] | 낚시하다 | go to the river to fish<br>낚시하러 강에 가다 |
| fishing | [fíʃiŋ] | 낚시 | go fishing in the river<br>강에 낚시하러 가다 |

## 확인 문제 풀기

문장을 읽고 빈칸에 들어갈 말을 쓰세요.

❶ What does this word mean?
이 단어는 무슨 _____?

❷ What's the meaning of this word?
이 단어의 _____은 무엇입니까?

❸ I'm glad to meet you.
당신을 _____ 돼서 (대단히) 기쁩니다.

❹ Our meeting begins at two p.m.
_____는 오후 두 시부터 시작됩니다.

❺ Where do you think I can park?
어디에 _____ 할 수 있을까요?

❻ No parking.
_____.

❼ Sua paints in her free time.
수아는 한가할 때 _____.

❽ There is a painting on the wall.
벽에는 _____이 걸려 있습니다.

❾ Minsu often goes to the nearby river to fish.
민수는 종종 _____하기 위해 가까운 강에 갑니다.

❿ Minsu often goes fishing in the nearby river.
민수는 종종 가까운 강에 _____.

Day 8

171

🎧 Track 73

## 동사와 -ing로 끝나는 명사 ②

| 단어 | 발음 | 뜻 | 암기요령 및 사용법 |
|---|---|---|---|
| **train** | [tréin] | ~을 훈련하다 | train dogs 개를 훈련하다<br>be well trained 잘 훈련되어 있다 |
| **training** | [tréiniŋ] | 훈련, 트레이닝 | this pair of training shoes.<br>이 운동화 한 켤레 |
| **shop** | [ʃáp] | 물건을 사다 | Let's go to Seoul to shop.<br>서울에 쇼핑하러 갑시다. |
| **shopping** | [ʃápiŋ] | 쇼핑 | do some shopping 쇼핑을 좀 하다<br>go shopping 쇼핑하러 가다 |
| **cross** | [krɔ́:s] | ~을 횡단하다 | cross the street 길을 건너다 |
| **crossing** | [krɔ́:siŋ] | 건널목 | go over the crossing<br>건널목을 건너다 |
| **understand** | [ʌ̀ndərstǽnd] | ~을 이해하다, 알다 | Now I understand.<br>아! 알겠습니다. |
| **understanding** | [ʌ̀ndərstǽndiŋ] | 이해 | That's my understanding.<br>저는 그렇게 이해하고 있습니다. |
| **feel** | [fí:l] | ~을 느끼다 | I feel cold. 나는 추위를 탑니다. |
| **feeling** | [fí:liŋ] | 기분 | true feelings 진짜 기분 |

## 확인 문제 풀기

문장을 읽고 빈칸에 들어갈 말을 쓰세요.

① This dog is well trained.
이 개는 잘 _____ 있습니다.

② I want this pair of training shoes.
나는 이 _____ 한 켤레를 갖고 싶어요.

③ Let's shop at this supermarket.
이 슈퍼마켓에서 _____.

④ Then I will go to town to do some shopping.
그러면 저는 _____하러 시내에 가겠습니다.

⑤ Let's cross the street while the green light is on.
파란 불일 때 길을 _____.

⑥ Let's go over the (railroad) crossing now.
지금 _____을 건너자.

⑦ Now I understand.
아! _____.

⑧ That's my understanding.
저는 그렇게 _____하고 있습니다.

⑨ I feel cold.
나는 추위를 _____.

⑩ Tell me your true feelings.
당신의 진짜 _____을 알려주세요.

## 🎧 Track 74
# 74 동사와 -tion, -sion으로 끝나는 명사

| 단어 | 발음 | 뜻 | 암기요령 및 사용법 |
|---|---|---|---|
| **act** | [ækt] | 행동하다 | act as a group<br>그룹으로 행동하다 |
| **action** | [ǽkʃən] | 행동, 활동 | a person of action<br>활동적인 사람 |
| **collect** | [kəlékt] | ~을 수집하다 | to collect these books<br>이 책들을 수집하는 것 |
| **collection** | [kəlékʃən] | 수집 | the collection of these books<br>이 책들의 수집 |
| **imagine** | [imǽdʒin] | ~을 상상하다 | Can you imagine!<br>상상할 수 있나요? 진짜예요! |
| **imagination** | [imæ̀dʒənéiʃən] | 상상, 상상력 | have a rich imagination<br>상상력이 풍부하다 |
| **express** | [iksprés] | ~을 표현하다 | express herself<br>그녀의 생각을 표현하다 |
| **expression** | [ikspréʃən] | 표현, 표정 | have a happy expression<br>행복한 표정을 하고 있다 |
| **discuss** | [diskʌ́s] | 의논하다,<br>이야기하다 | discuss how to study<br>공부 방법에 대해 이야기 나누다 |
| **discussion** | [diskʌ́ʃən] | 토론 | have a discuss on ~ = discuss ~ |

## 확인 문제 풀기

📝 문장을 읽고 빈칸에 들어갈 말을 쓰세요.

❶ Let's act as a group.
그룹으로 _____.

❷ Ms. Kim is a person of action.
김 선생님은 _____적인 사람입니다.

❸ It took thirty years to collect these books.
이 책들을 _____ 데 30년이 걸렸습니다.

❹ The collection of these books took thirty years.
이 책의 _____에 30년이 걸렸습니다.

❺ Can you imagine!(↘)
_____할 수 있나요? 진짜예요!

❻ Mr. Jung has a rich imagination.
정 선생님은 _____이 풍부합니다.

❼ Mina can express herself in English.
미나는 영어로 _____ 수 있습니다.

❽ You have a happy expression, don't you?
행복한 _____ 을 하고 있군요.

❾ Let's discuss how to study.
공부 방법에 대해 _____ 봅시다.

❿ Let's have a discuss on how to study.
공부 방법에 대해 _____ 봅시다.

Day 8

 Track 75

# 거의 같은 뜻을 가진 동사와 명사

| 단어 | 발음 | 뜻 | 암기요령 및 사용법 |
|---|---|---|---|
| **move** | [múːv] | 움직이다 | move quickly 빨리 움직이다<br>move this desk 이 책상을 움직이다 |
| **movement** | [múːvmənt] | 동작, 움직임 | have a quick movement<br>동작이 빠르다 |
| **pay** | [péi] | ~을 지불하다 | pay down one million won<br>현금 100만 원을 지불하다 |
| **payment** | [péimənt] | 지불 | make a down payment of one million won 현금 100만 원을 지불하다 |
| **excite** | [iksáit] | 흥분시키다 | excite yourself<br>당신 자신을 흥분시키다 = 흥분하다 |
| **excitement** | [iksáitmənt] | 흥분 | too much excitement<br>과도한 흥분 |
| **know** | [nóu] | ~을 알고 있다 | have never known war<br>전쟁을 모른다 |
| **knowledge** | [nálidʒ] | 지식, 학식 | have no knowledge of war<br>전쟁을 모른다 |
| **marry** | [mǽri] | ~와 결혼하다 | get married to ~ ~와 결혼하다 |
| **marriage** | [mǽridʒ] | 결혼, 결혼식 | our marriage (ceremony)<br>우리 결혼(식) |

## 확인 문제 풀기

📝 문장을 읽고 빈칸에 들어갈 말을 쓰세요.

❶ You move quickly, don't you?
재빨리 _____.

❷ You have a quick movement, don't you?
_____이 빠르시군요.

❸ Then I will pay down one million won.
그러면 저는 100만 원을 _____.

❹ Then I will make a down payment of one million won.
그러면 저는 100만 원을 _____.

❺ Don't excite yourself. It's bad for you.
_____ 마세요. 몸에 좋지 않아요.

❻ Too much excitement isn't good for you.
_____은 몸에 좋지 않습니다.

❼ I have never known war.
나는 전쟁을 _____.

❽ I have no knowledge of war.
나는 전쟁을 _____.

❾ We got married in a church.
우리는 교회에서 _____.

❿ Our marriage ceremony was in a church.
우리는 _____을 교회에서 했습니다.

Day 8

## Track 76
## 동사와 명사의 일부분이 다른 단어

| 단어 | 발음 | 뜻 | 암기요령 및 사용법 |
|---|---|---|---|
| **save** | [séiv] | (~을) 구하다 | save you from the scandal<br>당신을 그 스캔들에서 구하다 |
| **safety** | [séifti] | 안전, 무사 | Remember! Safety first.<br>잊지 마세요! 안전제일입니다. |
| **advise** | [ædváiz] | ~에게 충고하다 | advise + A + to ~<br>A에게 ~하도록 조언[충고]하다 |
| **advice** | [ædváis] | 조언, 충고 | ask you for your advice<br>당신에게 조언을 듣다 |
| **sit** | [sít] | 앉다 | Please sit down. 앉아주세요. |
| **seat** | [síːt] | 좌석, 자리 | Have a seat, please. (↗)<br>앉아주세요. |
| **sing** | [síŋ] | ~을 부르다 | Let's all sing together.<br>모두 함께 노래를 부릅시다. |
| **song** | [sɔ́ːŋ] | 노래 | How does this song go?<br>이 노래는 어떻게 하는 겁니까? |
| **discover** | [diskʌ́vər] | ~을 발견하다 | America was discovered.<br>미국은 발견되었습니다. |
| **discovery** | [diskʌ́vəri] | 발견 | the discovery of America<br>미국의 발견 |

## 확인 문제 풀기

📝 문장을 읽고 빈칸에 들어갈 말을 쓰세요.

❶ I will do anything to **save** you from the scandal.
당신을 그 스캔들에서 _____ 위해 뭐든지 하겠습니다.

❷ Remember! **Safety** first.
잊지 마세요! _____ 제일입니다.

❸ I **advised** Tony to study for three hours every day.
나는 토니에게 매일 3시간씩 공부하도록 _____.

❹ I'd like to ask you for your **advice**.
당신의 _____을 듣고 싶습니다.

❺ Please **sit down**.
_____.

❻ **Have a seat**, please. (↗)
_____.

❼ Let's all **sing** together.
모두 함께 _____.

❽ How does this **song** go?
이 _____의 가사는 어떻게 되나요?

❾ America **was discovered** in 1492.
아메리카는 1492년에 _____.

❿ **The discovery of America** was in 1492.
_____은 1492년이었습니다.

## 함께 외우면 편리한 단어 (2)

# 77 어원이 같은 형용사와 명사 ①

🎧 Track 77

| 단어 | 발음 | 뜻 | 암기요령 및 사용법 |
|---|---|---|---|
| **happy** | [hǽpi] | 행복한, 기쁜 | Are you happy?<br>당신은 행복합니까? |
| **happiness** | [hǽpinis] | 행복 | You can't buy happiness with money.<br>돈으로 행복을 살 수는 없어요. |
| **kind** | [káind] | 친절한, 다정한 | It's kind of you to say so.<br>그렇게 말씀해주시니 감사합니다. |
| **kindness** | [káindnis] | 친절 | Thank you for your kindness.<br>당신의 친절에 감사드립니다. |
| **ill** | [íl] | 병든, 나쁜 | Ill news travels fast.<br>나쁜 소문은 빨리 퍼진다. |
| **illness** | [ílnis] | 병 | get over his illness<br>그가 병을 극복하다 |
| **sick** | [sík] | 병든 | ill은 '오랜 질병', sick은 '기분 나쁘게 불편한 것'. carsick 차멀미 |
| **sickness** | [síknis] | 병, 메스꺼움 | Judy's sickness will soon go away.<br>주디의 병은 곧 나을 것입니다. |
| **useful** | [júːsfəl] | 쓸모 있는 | A is useful to B<br>A는 B에게 도움이 된다 |
| **usefulness** | [júːsfəlnis] | 유용성 | lose its usefulness<br>쓸모가 없다 |

### 확인 문제 풀기

📝 문장을 읽고 빈칸에 들어갈 말을 쓰세요.

❶ Are you happy?
당신은 _____ 합니까?

❷ You can't buy happiness with money.
돈으로 _____을 살 수는 없어요.

❸ It's kind of you to say so.
그렇게 말씀해주시다니 _____ 하시군요(감사합니다).

❹ Thank you for your kindness.
당신의 _____에 감사드립니다.

❺ Ill news travels fast.
_____ 소문은 빨리 퍼진다.

❻ Finally Tony got over his illness.
마침내 토니는 _____을 극복했습니다.

❼ Do you often get carsick?
당신은 자주 _____를 합니까?

❽ Judy's sickness will soon go away.
주디의 _____은 곧 나을 것입니다.

❾ This book is useful to you.
이 책은 당신에게 _____.

❿ This knife lost its usefulness.
이 칼은 _____.

Day 9

## 78. 어원이 같은 형용사와 명사 ②

Track 78

| 단어 | 발음 | 뜻 | 암기요령 및 사용법 |
|---|---|---|---|
| **funny** | [fʌ́ni] | 재미있는 | What's so funny?<br>뭐가 그렇게 재미있어요? |
| **fun** | [fʌ́n] | 재미, 즐거움 | have fun 즐기다<br>be great fun 대단히 재미있다 |
| **gentle** | [dʒéntl] | 온화한, 친절한 | be gentle with A<br>A에게 친절하다 |
| **gentleman** | [dʒéntlmən] | 신사 | Ladies and gentleman<br>신사, 숙녀 여러분 |
| **healthy** | [hélθi] | 건강한 | My father is healthy.<br>아버지는 건강하십니다. |
| **health** | [hélθ] | 건강 | A is good for your health.<br>A는 당신의 건강에 좋습니다. |
| **helpful** | [hélpfəl] | 도움이 되는 | This book is very helpful.<br>이 책은 매우 도움이 됩니다. |
| **help** | [hélp] | 도움 | The map was a great help.<br>그 지도가 큰 도움이 되었습니다. |
| **historic** | [histɔ́:rik] | 역사적인 | a historic spot<br>역사적으로 중요한 지점 |
| **history** | [hístəri] | 역사, 역사서 | the history of Korea 한국의 역사<br>a history of Korea 한국 역사책 한 권 |

## 확인 문제 풀기

문장을 읽고 빈칸에 들어갈 말을 쓰세요.

① What's so funny?
뭐가 그렇게 _____?

② Playing tennis is great fun.
테니스를 하는 것은 _____.

③ My mother is gentle with Sumi.
어머니는 수미에게 _____.

④ Ladies and gentlemen.
_____.

⑤ My father is healthy in body and mind.
아버지는 심신 모두 _____.

⑥ Walking is good for your health.
걷기는 당신의 _____에 좋습니다.

⑦ This book is very helpful.
이 책은 _____.

⑧ This book is a great help.
이 책은 _____.

⑨ Dosanseowon is historic spot.
도산서원은 _____ 장소입니다.

⑩ I read a history of Korea yesterday.
나는 어제 _____을 읽었습니다.

# 79 어원이 같은 형용사와 명사 ③

🎧 Track 79

| 단어 | 발음 | 뜻 | 암기요령 및 사용법 |
|---|---|---|---|
| **foreign** | [fɔ́:rin] | 외국의 | a foreign language 외국어 |
| **foreigner** | [fɔ́:rinər] | 외국인 | a foreigner 외국인 한 명 |
| **friendly** | [fréndli] | 우호적인, 친한 | be friendly to A<br>A에게 우호적이다 |
| **friend** | [frénd] | 친구 | a friend of mine 내 친구 한 명 |
| **lucky** | [lʌ́ki] | 행운의, 운이 좋은 | Lucky you! 운이 좋군요! |
| **luck** | [lʌ́k] | 행운 | Good luck to you!<br>행운을 빕니다! |
| **responsible** | [rispánsəbl] | 책임이 있는 | Who is responsible for this?<br>누가 이 일의 책임자입니까? |
| **responsibility** | [rispànsəbíləti] | 책임 | have a strong sense of responsibility<br>책임감이 강하다 |
| **social** | [sóuʃəl] | 사회의 | a social problem 하나의 사회 문제 |
| **society** | [səsáiəti] | 사회 | a member of society 사회의 일원 |

## 확인 문제 풀기

📝 문장을 읽고 빈칸에 들어갈 말을 쓰세요.

① I know two **foreign languages**.
2개 _____를 알고 있습니다.

② I am not a **foreigner**.
나는 _____이 아닙니다.

③ Tony is **friendly** to us.
토니는 우리에게 _____입니다.

④ I met **a friend of mine** yesterday.
어제 _____를 만났습니다.

⑤ **Lucky you!**
_____!

⑥ **Good luck to you!**
_____!

⑦ Who is **responsible** for this?
누가 이 일의 _____입니까?

⑧ I **have a strong sense of responsibility**.
나는 _____.

⑨ Unemployment has become a **social problem**.
실업이 하나의 _____가 되고 있습니다.

⑩ I am a member of **society**.
나는 _____의 일원입니다.

Day 9

## 어원이 같은 형용사와 명사 ④

Track 80

| 단어 | 발음 | 뜻 | 암기요령 및 사용법 |
|---|---|---|---|
| **strange** | [stréindʒ] | 이상한, 기묘한 | feel strange<br>이상한 느낌이 들다 |
| **stranger** | [stréindʒər] | 낯선 사람, 방문객 | I am a stranger.<br>저는 처음 왔어요. |
| **traditional** | [trədíʃənl] | 전통적인 | A is a traditional event.<br>A는 전통적인 행사입니다. |
| **tradition** | [trədíʃən] | 전통 | A has a long tradition.<br>A에는 오랜 전통이 있습니다. |
| **silent** | [sáilənt] | 조용한, 말이 없는 | the silent type 과묵한 타입 |
| **silence** | [sáiləns] | 침묵 | your silence 당신의 침묵 |
| **noisy** | [nɔ́izi] | 시끄러운 | A is noisy to some B.<br>A는 B에게 시끄럽습니다. |
| **noise** | [nɔ́iz] | 소음 | Don't make any noise.<br>시끄럽게 하지 마시오. |
| **free** | [frí:] | 자유로운, 한가한 | Are you free now?<br>지금 한가해요? |
| **freedom** | [frí:dəm] | 자유 | You have the freedom.<br>당신에게는 자유가 있습니다. |

## 확인 문제 풀기

문장을 읽고 빈칸에 들어갈 말을 쓰세요.

❶ I feel strange when I talk to you.
당신과 얘기하면 _____ 느낌이 듭니다.

❷ I am a stranger in this town.
저는 이 마을에 _____.

❸ This is a traditional event.
이것은 _____ 행사입니다.

❹ Our school has a long tradition.
우리 학교에는 오랜 _____이 있습니다.

❺ I like the silent type.
_____을 좋아합니다.

❻ I can't understand your silence.
당신의 _____을 이해할 수 없습니다.

❼ This music is noisy to some people.
이 음악은 어떤 사람들에게는 _____.

❽ Don't make any noise.
_____.

❾ Are you free now?
지금 _____하세요?

❿ You have the freedom to do what you want.
당신은 하고 싶은 일을 할 _____가 있습니다.

## 81 어원이 같은 형용사와 명사 ⑤

🎧 Track 81

| 단어 | 발음 | 뜻 | 암기요령 및 사용법 |
|---|---|---|---|
| **whose** | [húːz] | 누구의 | Whose textbook is this?<br>이 교과서는 누구의 것입니까? |
| **who** | [húː] | 누가, 누구를 | Who likes Tony? 누가 토니를 좋아해?<br>Who does Tony like? 토니는 누구를 좋아해? |
| **wooden** | [wúdn] | 나무로 만든 | This is a wooden desk.<br>이것은 나무로 만든 책상입니다. |
| **wood** | [wúd] | 목재, 나무 | This desk is made of wood.<br>이 책상은 나무로 만들었습니다. |
| **young** | [jʌ́ŋ] | 젊은 | stay young 젊은 상태로 있다 |
| **youth** | [júːθ] | 청년기, 젊음 | keep my youth<br>젊음을 유지하다 |
| **patient** | [péiʃənt] | 인내심 있는 | Be patient! 참으세요! |
| **patience** | [péiʃəns] | 인내 | I have no patience with Tony.<br>토니에 대해 참을 수 없습니다. |
| **peaceful** | [píːsfəl] | 평화스러운 | a peaceful world 평화로운 세계 |
| **peace** | [píːs] | 평화 | world peace 세계 평화 |

## 확인 문제 풀기

📝 문장을 읽고 빈칸에 들어갈 말을 쓰세요.

❶ **Whose** textbook is this?
이 교과서는 _____ 것입니까?

❷ **Who** likes Tony?
_____ 토니를 좋아합니까?

❸ This is a **wooden** desk.
이것은 _____ 책상입니다.

❹ This desk is made of **wood**.
이 책상은 _____로 만들었습니다.

❺ I want to stay **young** forever.
언제까지나 _____ 채로 있고 싶어요.

❻ I want to keep my **youth** forever.
영원히 _____을 유지하고 싶어요.

❼ **Be patient!**
_____!

❽ I **have no patience with** Tony.
토니에 대해 _____.

❾ I wish for a **peaceful** world.
_____ 세계를 기원합니다.

❿ I wish for world **peace**.
세계 _____를 기원합니다.

Day 9

 Track 82
# 어원이 같은 형용사와 부사 ①

| 단어 | 발음 | 뜻 | 암기요령 및 사용법 |
|---|---|---|---|
| **slow** | [slóu] | 느린 | a slow runner 느린 주자 |
| **slowly** | [slóuli] | 천천히 | run slowly 천천히 달리다 |
| **careful** | [kέərfəl] | 주의하여 | be careful (in) ~ing<br>주의하여 ~하다 |
| **carefully** | [kέərfəli] | 주의 깊게 | cross the street carefully<br>주의하여 길을 건너다 |
| **certain** | [sə́ːrtn] | 확신하는 | Tony is certain to ~.<br>토니는 ~할 수 있다고 확신합니다. |
| **certainly** | [sə́ːrtnli] | 확실히 | Tony will certainly pass the test.<br>토니는 틀림없이 그 시험에 붙을 거야. |
| **clear** | [klíər] | 뚜렷한 | have a clear view of A<br>A의 뚜렷한 광경을 볼 수 있다 |
| **clearly** | [klíərli] | 뚜렷하게 | You can see Tokyo Tower clearly.<br>도쿄타워를 뚜렷하게 볼 수 있어요. |
| **easy** | [íːzi] | 쉬운 | It's easy for me to swim.<br>수영하는 것이 쉬워요. |
| **easily** | [íːzili] | 손쉽게 | I can swim easily.<br>쉽게 수영할 수 있어요. |

### 확인 문제 풀기

📝 문장을 읽고 빈칸에 들어갈 말을 쓰세요.

❶ Tony is a slow runner.
토니는 달리는 것이 _____.

❷ Tony runs slowly.
토니는 _____ 달립니다.

❸ You'd better be careful (in) crossing the street.
길을 건널 때는 _____하는 것이 좋습니다.

❹ You'd better cross the street carefully.
_____ 길을 건너는 것이 좋습니다.

❺ You are certain to pass the test.
당신은 그 시험에 합격할 것이라고 _____.

❻ You will certainly pass the test.
당신은 그 시험에 _____ 합격할 것입니다.

❼ You can have a clear view of Tokyo Tower from here.
여기서 도쿄타워의 _____ 풍경을 볼 수 있습니다.

❽ You can see Tokyo Tower clearly from here.
당신은 여기서 도쿄타워를 _____ 볼 수 있습니다.

❾ It's easy for me to swim.
수영하는 것이 _____.

❿ I can swim easily.
난 _____ 수영할 수 있어요.

**Day 9**

## Track 83
#  어원이 같은 형용사와 부사 ②

| 단어 | 발음 | 뜻 | 암기요령 및 사용법 |
|---|---|---|---|
| **quick** | [kwík] | 빠른 | a quick worker 일손이 빠른 사람 |
| **quickly** | [kwíkli] | 빨리 | works quickly 빨리 일하다 |
| **quiet** | [kwáiət] | 조용한 | be quiet in her movement 그녀의 움직임이 조용하다 |
| **quietly** | [kwáiətli] | 조용히 | moves quietly 조용히 움직이다 |
| **safe** | [séif] | 안전한, 무사한 | come home safe 안전한 상태로 집에 돌아오다 |
| **safely** | [séifli] | 안전하게, 무사히 | return home safely 무사히 집에 돌아오다 |
| **most** | [móust] | 대부분의 | most people = most of the people 대부분의 사람 |
| **mostly** | [móustli] | 대부분은 | = generally(일반적으로) |
| **sure** | [ʃúər] | 확신하는 | I am sure that + A + B. 나는 A가 B할 것이라고 확신한다. |
| **surely** | [ʃúərli] | 확실히 | Surely + A + B. 확실히 A는 B할 것이다. |

## 확인 문제 풀기

📝 문장을 읽고 빈칸에 들어갈 말을 쓰세요.

① **Doyun is a quick worker.**
도윤이는 일손이 _____.

② **Doyun works quickly.**
도윤이는 일을 _____ 합니다.

③ **Miki is quiet in her movement.**
미키는 움직임이 _____.

④ **Miki moves quietly.**
미키는 _____ 움직입니다.

⑤ **Sumi came home safe.**
수미는 _____ 집에 돌아왔습니다.

⑥ **Sumi returned home safely.**
수미는 _____ 집에 돌아왔습니다.

⑦ **Most people eat dinner.**
_____ 사람들은 저녁 식사를 합니다.

⑧ **Mostly people eat dinner.**
_____ 사람들은 저녁 식사를 합니다.

⑨ **I am sure (that) you will pass the test.**
그 시험에 합격할 거라고 _____.

⑩ **Surely you will pass the test.**
_____ 시험에 합격할 겁니다.

Day 9

 🎧 Track 84
# 셀 수 있는 명사와 함께 쓰는 형용사

| 단어 | 발음 | 뜻 | 암기요령 및 사용법 |
|---|---|---|---|
| **some** | [səm] | 약간의, 얼마간의 | some friends 친구 몇 명 |
| **any** | [éni] | 몇 명인가, 얼마간 | 의문문에서 yes를 기대할 때는 some, 그렇지 않을 때는 any를 사용한다. |
| **not ~ any** | [nát éni] | 거의 ~하지 않다 | not ~ any = no 거의 ~하지 않다 (not any는 대화체에서 주로 사용) |
| **no** | [nóu] | 전혀 ~하지 않다 | not ~ any보다 no가 더 강조된 표현이다. |
| **not ~ many** | [nát méni] | 그다지 없다 | I don't have many friends. 친구가 그다지 많지는 않아요. |
| **many** | [méni] | 많은 | 의문문에서 쓰이지만, 'many + 명사s'가 주어일 때는 평서문에서도 쓴다. |
| **a lot of** | [əlátəv] | 많은 | 평서문, 부정문, 의문문에서 모두 쓸 수 있다. = lots of |
| **lots of** | [látsʌv] | 많은 | = a lot of<br>lots of books 많은 책 |
| **a few** | [əfjúː] | 조금 있는 | a가 있을 때는 '조금 있는'<br>have a few friends 친구가 조금 있다 |
| **few** | [fjúː] | 거의 없는 | a가 없으면 '거의 없는'<br>have few friends 친구가 거의 없다 |

## 확인 문제 풀기

📝 문장을 읽고 빈칸에 들어갈 말을 쓰세요.

❶ I have some friends.
나는 _____ 친구들이 있습니다.

❷ Do you have any friends?
친구가 _____ 있습니까?

❸ I don't have any friends.
나는 친구가 _____.

❹ I have no friends.
나는 친구가 _____.

❺ I don't have many friends.
나는 친구가 _____.

❻ Do you have many friends?
친구가 _____?

❼ I have a lot of friends.
나는 친구가 _____.

❽ I have lots of friends.
나는 친구가 _____.

❾ I have a few friends.
나는 친구가 _____.

❿ I have few friends.
나는 친구가 _____.

🎧 **Track 85**

## 셀 수 없는(불가산) 명사와 함께 쓰는 형용사

| 단어 | 발음 | 뜻 | 암기요령 및 사용법 |
|---|---|---|---|
| **some** | [səm] | 약간의 | some money 약간의 돈 |
| **any** | [éni] | 약간의 | 의문문에서 yes를 기대할 때는 some을, 그렇지 않을 때는 any를 사용한다. |
| **not ~ any** | [nát éni] | 조금도 없다 | I don't have any money.<br>= I have no money. 돈이 없어요. |
| **no** | [nóu] | 전혀 없다 | not ~any를 더많이 쓴다.<br>no를 쓰면 더 강조된 느낌을 준다. |
| **not ~ much** | [nát mʌ́tʃ] | 그다지 없다 | not ~ much 그다지 없다 |
| **much** | [mʌ́tʃ] | 많은 양의 | 주로 의문문에서 쓴다. 평서문에서는 쓰지 않는 편이 좋다. |
| **a lot of** | [əlátʌv] | 많은 양의 | 평서문, 부정문, 의문문에서 모두 쓸 수 있다. = lots of |
| **lots of** | [látsʌv] | 많은 | = a lot of<br>lots of money 많은 돈 |
| **a little** | [əlítl] | 조금 있는 | a가 있을 때는 '조금 있는'<br>have a little money 돈이 조금 있다 |
| **little** | [lítl] | 거의 없는 | a가 없으면 '거의 없는'<br>have little money 돈이 거의 없다 |

### 확인 문제 풀기

문장을 읽고 빈칸에 들어갈 말을 쓰세요.

① I have **some** money.
　_____ 돈이 있습니다.

② Do you have **any** money?
　돈을 _____ 가지고 있습니까?

③ I **don't have any** money.
　돈이 _____.

④ I **have no** money.
　돈이 _____.

⑤ I **don't have much** money.
　돈을 _____.

⑥ Do you have **much** money?
　돈을 _____ 가지고 있습니까?

⑦ I have **a lot of** money.
　나는 돈이 _____.

⑧ I have **lots of** money.
　나는 돈이 _____.

⑨ I have **a little** money.
　돈이 _____.

⑩ I have **little** money.
　돈이 _____.

🎧 Track 86

## 기수, 서수

| 기수 | 발음 | 서수 | 발음 | 뜻 |
|---|---|---|---|---|
| 1 one | [wʌn] | first | [fə́:rst] | 첫 번째(의) |
| 2 two | [tú:] | second | [sékənd] | 두 번째(의) |
| 3 three | [θrí:] | third | [θə́:rd] | 세 번째(의) |
| 4 four | [fɔ́:r] | fourth | [fɔ́:rθ] | 네 번째(의) |
| 5 five | [fáiv] | fifth | [fifθ] | 다섯 번째(의) |
| 6 six | [síks] | sixth | [síksθ] | 여섯 번째(의) |
| 7 seven | [sévən] | seventh | [sévənθ] | 일곱 번째(의) |
| 8 eight | [éit] | eighth | [éitθ] | 여덟 번째(의) |
| 9 nine | [náin] | ninth | [náinθ] | 아홉 번째(의) |
| 10 ten | [tén] | tenth | [ténθ] | 열 번째(의) |

| 기수 | 발음 | 서수 | 발음 | 뜻 |
|---|---|---|---|---|
| 11 eleven | [ilévən] | eleventh | [ilévənθ] | 열한 번째(의) |
| 12 twelve | [twélv] | twelfth | [twélfθ] | 열두 번째(의) |
| 13 thirteen | [θəːrtíːn] | thirteenth | [θəːrtíːnθ] | 열세 번째(의) |
| 14 fourteen | [fɔːrtíːn] | fourteenth | [fɔːrtíːnθ] | 열네 번째(의) |
| 15 fifteen | [fiftíːn] | fifteenth | [fiftíːnθ] | 열다섯 번째(의) |
| 16 sixteen | [sikstíːn] | sixteenth | [sikstíːnθ] | 열여섯 번째(의) |
| 17 seventeen | [sevəntíːn] | seventeenth | [sevəntíːnθ] | 열일곱 번째(의) |
| 18 eighteen | [eitíːn] | eighteenth | [eitíːnθ] | 열여덟 번째(의) |
| 19 nineteen | [naintíːn] | ninteenth | [naintíːnθ] | 열아홉 번째(의) |
| 20 twenty | [twénti] | twentieth | [twéntiθ] | 스무번 째(의) |

Day 9

# 영단어 철자와 발음법칙

※Day 10의 단어는 녹음되어 있지 않습니다.

# [e], [o], [al]이 들어간 단어

☞ e를 [i / 이]로 읽는 법칙

| 단어 | 발음 | 뜻과 발음요령 |
|---|---|---|
| b<u>e</u>came | [bikéim] | 동 ~이 되다 be+ca+me [비]+[케이]+[ㅁ] |
| b<u>e</u>gan | [bigǽn] | 동 시작되었다, ~을 시작했다 be+ga+n [비]+[개]+[ㄴ] |
| el<u>e</u>venth | [ilévənθ] | 명 11번째 형 11번째의 e+le+ven+th [일]+[레]+[번]+[스] |
| r<u>e</u>peat | [ripí:t] | 동 ~을 반복하다 re+pea+t [리]+[피-]+[트] |
| r<u>e</u>port | [ripɔ́:rt] | 동 ~을 보고하다 명 리포트 re+por+t [리]+[포-]+[트] |
| r<u>e</u>turn | [ritə́:rn] | 동 돌아가다 re+tur+n [리]+[터-]+[ㄴ] |
| <u>e</u>xpect | [ikspékt] | 동 ~을 기대하다 ex+pe+c+t [익]+[스]+[페]+[크]+[트] |
| <u>e</u>xample | [igzǽmpl] | 명 예 e+xa+mple [이]+[그재]+[ㅁ플] |
| <u>e</u>xperience | [ikspíriəns] | 명 경험 ex+pe+ri+en+ce [익스]+[피]+[리]+[언]+[스] |
| <u>e</u>xplain | [ikspléin] | 동 ~을 설명하다 ex+p+lai+n [익스]+[프]+[레이]+[ㄴ] |

☞ o를 [ou / 오-우]로 읽는 법칙

| 단어 | 발음 | 뜻과 발음요령 |
|---|---|---|
| ag**o** | [əgóu] | 부 (지금으로부터) ~전에 a+go [어]+[고우] |
| d**o**n't | [dóunt] | 조 do not의 생략형 do+n't [도우]+[ㄴ트] |
| **o**nly | [óunly] | 부 오직  형 단 하나 o+n+ly [오우]+[ㄴ]+[리] |
| p**o**em | [póuəm] | 명 시 po+e+m [포우]+[어]+[ㅁ] |
| s**o**ld | [sóuld] | 동 ~을 팔았다 so+l+d [쏘우]+[ㄷ]+[드] |
| t**o**ld | [tóuld] | 동 ~을 말했다, 이야기했다 to+l+d [토우]+[ㄹ]+[드] |
| w**o**n't | [wóunt] | 조 will not의 생략형 wo+n't [워우]+[ㄴ트] |

☞ al을 [ɔː / 오-]로 읽는 법칙

| 단어 | 발음 | 뜻과 발음요령 |
|---|---|---|
| b**all** | [bɔ́ːl] | 명 공 bal+l [보-]+[ㄹ] |
| c**all** | [cɔ́ːl] | 동 ~을 부르다, ~에게 전화를 걸다 cal+l [코-]+[ㄹ] |
| w**all** | [wɔ́ːl] | 명 벽 wal+l [워-]+[ㄹ] |

Day 10

## [u], [un]이 들어간 단어

☞ u를 [ʌ / 어]로 읽는 법칙

| 단어 | 발음 | 뜻과 발음요령 |
|---|---|---|
| **cut** | [kʌt] | 동 ~을 자르다 cu+t [커]+[트] |
| **cup** | [kʌp] | 명 컵 cu+p [커]+[ㅂ] |
| **hug** | [hʌg] | 명 ~을 꼭 껴안다 hu+g [허]+[그] |
| **just** | [dʒʌst] | 부 지금 막 ju+s+t [저]+[스]+[트] |
| **shut** | [ʃʌt] | 동 ~을 닫다 shu+t [셔]+[트] |
| **such** | [sʌtʃ] | 형 그러한 su+ch [서]+[치] |
| **swum** | [swʌm] | 동 swim(수영하다) 의과거분사형 s+wu+m [스]+[워]+[ㅁ] |
| **truck** | [trʌk] | 명 트럭 tru+ck [트러]+[ㄱ] |
| **public** | [pʌ́blik] | 형 공공의 pu+b+li+c [퍼]+[브]+[리]+[ㄱ] |

☞ un을 [ʌn / 언]으로 읽는 법칙

| 단어 | 발음 | 뜻과 발음요령 |
|---|---|---|
| **gun** | [gʌ́n] | 명 총 gun [건] |
| h**un**t | [hʌ́nt] | 동 ~을 사냥하다 hun+t [헌]+[트] |
| l**un**ch | [lʌ́ntʃ] | 명 점심 lun+ch [런]+[치] |
| l**un**chtime | [lʌ́ntʃtaim] | 명 점심 시간 lun+ch+ti+me [런]+[치]+[타이]+[ㅁ] |
| h**un**dred | [hʌ́ndrɛd] | 명 100 hun+dre+d [헌]+[드레]+[드] |
| h**un**gry | [hʌ́ŋgri] | 형 배고픈 hun+g+ry [헝]+[그]+[리] |
| s**un**shine | [sʌ́nʃain] | 명 햇빛 sun+shi+ne [선]+[샤이]+[ㄴ] |
| **un**easy | [ʌníːzi] | 형 불안한 unea+sy [언이]+[지] |
| **un**happy | [ʌ́nhæpi] | 형 슬픈, 불행한 un+ha+ppy [언]+[해]+[피] |
| **un**lucky | [ʌ́nlʌ́ki] | 형 운이 나쁜 un+lu+cky [언]+[러]+[키] |

Day 10

# [ee], [e△e]가 포함된 단어

☞ ee를 [i: / 이-]로 읽는 법칙

| 단어 | 발음 | 뜻과 발음요령 |
|---|---|---|
| thirteen | [θəːrtíːn] | 명 13 thir+tee+n [써]+[티-]+[ㄴ] |
| fourteen | [fɔːrtíːn] | 명 14 four+teen+n [포]+[티-]+[ㄴ] |
| queen | [kwíːn] | 명 여왕 q+ee+n [크]+[이-]+[ㄴ] |
| freely | [fríːli] | 부 자유롭게 f+ree+ly [프]+[리-ㄹ]+[리] |
| deeply | [díːpli] | 부 깊이 dee+p+ly [디]+[프ㄹ]+[리-] |
| bee | [bíː] | 명 벌 bee [비-] |
| three | [θríː] | 명 3 th+ree [쓰]+[리-] |
| deep | [díːp] | 형 깊은 dee+p [디-]+[ㅍ] |
| seed | [síːd] | 명 씨앗 see+d [시-]+[드] |
| seen | [síːn] | 동 눈에 보이는 see+n [시-]+[ㄴ] |

\* ~teen은 문장에서 어느 부분에 위치하는지에 따라 강세가 바뀐다.
I am thirteen. (나는 13살입니다.)
I have thirteen books. (나는 13권의 책을 가지고 있습니다.)

☞ ee를 [iː / 이-]로 읽는 법칙

| 단어 | 발음 | 뜻과 발음요령 |
|---|---|---|
| sh<u>ee</u>t | [ʃíːt] | 명 sheet of는 '한 장의' shee+t [시-]+[트] |
| sw<u>ee</u>t | [swíːt] | 형 달콤한 s+wee+t [스]+[위-]+[트] |
| sp<u>ee</u>d | [spíːd] | 명 속도 s+pee+d [스]+[피-]+[드] |
| gr<u>ee</u>t | [gríːt] | 동 ~에게 인사를 하다 g+ree+t [그]+[리-]+[트] |

☞ e△e를 [iː / 이-]로 읽는 법칙

| 단어 | 발음 | 뜻과 발음요령 |
|---|---|---|
| th<u>e</u>m<u>e</u> | [θíːm] | 명 주제 the+me [씨-]+[ㅁ] |
| th<u>e</u>s<u>e</u> | [ðíːz] | 대 이것들 형 이것들의 the+se [디-]+[즈] |
| a<u>th</u>l<u>e</u>t<u>e</u> | [ǽθliːt] | 명 운동 선수 a+th+le+te [애]+[스]+[리-]+[트] |
| sc<u>e</u>n<u>e</u> | [síːn] | 명 장소 sce+ne [시-]+[ㄴ] |

Day 10

# 90. [oo], [re]가 포함된 단어

☞ oo를 [uː / 우-]로 읽는 법칙

| 단어 | 발음 | 뜻과 발음요령 |
|---|---|---|
| food | [fúːd] | 명 음식물 foo+d [푸-]+[드] |
| pool | [púːl] | 명 풀장, 물웅덩이 poo+l [푸-]+[ㄹ] |
| roof | [rúːf] | 명 지붕 roo+f [루-]+[프] |
| soon | [súːn] | 부 머지않아 soo+n [수-]+[ㄴ] |
| tool | [túːl] | 명 도구 too+l [투-]+[ㄹ] |
| tooth | [túːθ] | 명 이, 치아 too+th [투-]+[스] |
| spoon | [spúːn] | 명 숟가락 s+poo+n [스]+[푸-]+[ㄴ] |
| foolish | [fúːliʃ] | 형 어리석은 foo+li+sh [푸-리]+[리]+[쉬] |
| classroom | [klǽsruːm] | 명 교실 c+lass+roo+m [크]+[래스]+[루-]+[ㅁ] |

## ☞ oo를 [ u / 우 ]로 읽는 법칙

| 단어 | 발음 | 뜻과 발음요령 |
|---|---|---|
| t**oo**k | [túk] | 동 ~을 취했다 too+k [투]+[ㄱ] |
| w**oo**l | [wúl] | 명 울, 양모 woo+l [우]+[ㄹ] |
| g**oo**d-bye | [gud bái] | 감 안녕 good-bye [굳] [바이] |
| st**oo**d | [stúd] | 동 섰다 s+too+d [스]+[투]+[드] |
| underst**oo**d | [ʌ̀ndərstúd] | 동 ~을 이해했다 un+der+stood [언]+[더]+[스투드] |
| textb**oo**k | [tékstbùk] | 명 교과서 text+boo+k [텍스트]+[부]+[ㄱ] |

## ☞ re를 [ ər / 어 ]로 읽는 법칙

| 단어 | 발음 | 뜻과 발음요령 |
|---|---|---|
| fi**re** | [fáiər] | 명 불 fi+re [파이]+[어] |
| fi**re**work | [fáiərwə́:rk] | 명 불꽃 놀이 fi+re+wor+k [파이]+[어]+[워]+[크] |
| fi**re**fly | [fáiərflai] | 명 개똥벌레 fi+re+f+ly [파이]+[어]+[프]+[ㄹ라이] |

Day 10

# [ou], [on], [ow]가 포함된 단어

☞ ou를 [au / 아우]로 읽는 법칙

| 단어 | 발음 | 뜻과 발음요령 |
|---|---|---|
| l**ou**d | [láud] | 형 (목소리 등이) 큰 lou+d [라우]+[드] |
| c**ou**nt | [káunt] | 동 ~을 세다 cou+nt [카우]+[ㄴ트] |
| f**ou**nd | [fáund] | 동 ~을 발견했다 fou+nd [파우]+[ㄴ드] |
| p**ou**nd | [páund] | 명 파운드 pou+nd [파우]+[ㄴ드] |
| s**ou**nd | [sáund] | 명 소리 sou+nd [사우]+[ㄴ드] |
| r**ou**nd | [ráund] | 형 둥근 rou+nd [라우]+[ㄴ드] |
| pr**ou**d | [práud] | 형 be proud of 자랑으로 여기다 p+rou+d [프]+[라우]+[드] |
| ab**ou**t | [əbáut] | 부 약 전 ~에 대해서 a+bou+t [어]+[바우]+[ㅅ] |
| ar**ou**nd | [əráund] | 전 ~의 주위에 a+rou+nd [어]+[라우]+[ㄴ드] |
| th**ou**sand | [θáuzənd] | 명 1,000 thou+sa+nd [사우]+[저]+[ㄴ드] |

☞ ou를 [ʌ / 어]로 읽는 법칙

| 단어 | 발음 | 뜻과 발음요령 |
|---|---|---|
| c**ou**ple | [kʌ́pl] | 명 둘, 한 쌍 cou+ple [커]+[플] |
| d**ou**ble | [dʌ́bl] | 명 2배  형 2배의 dou+ble [더]+[블] |
| tr**ou**ble | [trʌ́bl] | 명 걱정, 고민 trou+ble [트러]+[블] |

☞ on을 [ʌn / 언]으로 읽는 법칙

| 단어 | 발음 | 뜻과 발음요령 |
|---|---|---|
| n**on**e | [nʌ́n] | 대 아무도 ~않다, 조금도 ~않다 none [넌] |
| L**on**don | [lʌ́ndən] | 명 런던 Lon+don [런]+[던] |
| w**on**der | [wʌ́ndər] | 명 놀라움  동 ~을 이상하게 여기다 won+der [원]+[더] |

☞ ow를 [ou / 오우]로 읽는 법칙

| 단어 | 발음 | 뜻과 발음요령 |
|---|---|---|
| **ow**n | [óun] | 동 ~을 소유하다 ow+n [오우]+[ㄴ] |
| **ow**ner | [óunər] | 명 소유자 ow+ner [오우]+[너] |
| l**ow** | [lóu] | 형 낮은 low [로우] |

Day 10

# [u], [un]이 포함된 단어

☞ ar을 [aːr / 아-]로 읽는 법칙

| 단어 | 발음 | 뜻과 발음요령 |
|---|---|---|
| p**ar**t | [páːrt] | 명 일부분, 일부 par+t [파-]+[트] |
| m**ar**k | [máːrk] | 명 (성적 등의) 점수 mar+k [마-]+[크] |
| p**ar**ty | [páːrti] | 명 파티 par+ty [파-]+[티 / 리] |
| b**ar**k | [báːrk] | 동 짖다 bar+k [바-]+[크] |

☞ ir을 [əːr / 어~]로 읽는 법칙

| 단어 | 발음 | 뜻과 발음요령 |
|---|---|---|
| b**ir**d | [bə́ːrd] | 명 새 bir+d [버-]+[드] |
| b**ir**thday | [bə́ːrθdei] | 명 생일 bir+th+day [버-]+[스]+[데이] |
| f**ir**st | [fə́ːrst] | 명 첫 번째 형 첫 번째의 fir+s+t [퍼-]+[스]+[트] |
| th**ir**d | [θə́ːrd] | 동 세 번째 형 세 번째의 thir+d [써-]+[드] |
| th**ir**sty | [θə́ːrsti] | 형 목마른 thir+s+ty [써-]+[스]+[티] |
| th**ir**ty | [θə́ːrti] | 명 30 thir+ty [써-]+[티] |

☞ ur을 [əːr / 어~]로 읽는 법칙

| 단어 | 발음 | 뜻과 발음요령 |
|---|---|---|
| b**ur**n | [bə́ːrn] | 동 ~을 태우다, 타다 bur+n [버~]+[ㄴ] |
| h**ur**t | [hə́ːrt] | 동 ~을 다치게 하다 hur+t [허~]+[트] |
| t**ur**n | [tə́ːrn] | 동 돌리다 tur+n [터~]+[ㄴ] |
| h**ur**ry | [hə́ːri] | 동 서두르다 hur+ry [허~]+[리] |
| ch**ur**ch | [tʃə́ːrtʃ] | 명 교회 chur+ch [처~]+[치] |

☞ air를 [eər / 에어]로 읽는 법칙

| 단어 | 발음 | 뜻과 발음요령 |
|---|---|---|
| **air** | [éər] | 명 공기 air [에어] |
| p**air** | [péər] | 명 한 쌍 pair [페어] |
| st**air** | [séər] | 명 계단 s+tair [스]+[테어] |
| rep**air** | [ripéər] | 동 ~을 수리하다 re+pair [리]+[페어] |

Day 10

# [er], [or]이 포함된 단어

☞ er을 [ər / 어]로 읽는 법칙

| 단어 | 발음 | 뜻과 발음요령 |
|------|------|---------------|
| **enter** | [éntər] | 동 ~에 들어가다 en+ter [엔]+[터] |
| **center** | [séntər] | 명 중심, 중앙 cen+ter [센]+[터] |
| **clever** | [klévər] | 형 영리한 c+le+ver [크]+[러레]+[버] |
| **counter** | [káuntər] | 명 계산대 cou+n+ter [카우]+[ㄴ]+[터] |
| **driver** | [dráivər] | 명 운전수 dri+ver [드라이]+[버] |
| **gather** | [gǽðər] | 동 모으다 ga+ther [개]+[더] |
| **master** | [mǽstər] | 동 ~을 숙달한다 ma+s+ter [매]+[스]+[터] |
| **power** | [páuər] | 명 힘 pow+er [파우]+[어] |
| **shoulder** | [ʃóuldər] | 명 어깨 shou+l+der [쇼우]+[ㄹ]+[더] |
| **rather** | [rǽðər] | 부 오히려 ra+ther [래]+[더] |

☞ or을 [ɔːr / 오-]로 읽는 법칙

| 단어 | 발음 | 뜻과 발음요령 |
|---|---|---|
| b**or**n | [bɔ́ːrn] | 형 be born 태어나다 bor+n [보-]+[ㄴ] |
| c**or**n | [kɔ́ːrn] | 명 옥수수 cor+n [코-]+[ㄴ] |
| f**or**k | [fɔ́ːrk] | 명 포크 for+k [포-]+[크] |
| p**or**t | [pɔ́ːrt] | 명 항구 por+t [포-]+[트] |
| sp**or**t | [spɔ́ːrt] | 명 스포츠 s+por+t [스]+[포]+[트] |
| sh**or**t | [ʃɔ́ːrt] | 형 짧은, 키가 작은 shor+t [쇼-]+[트] |
| f**or**ty | [fɔ́ːrti] | 명 40 for+ty [포-]+[티 / 리] |
| **or**der | [ɔ́ːrdər] | 동 ~을 주문하다  명 주문 or+der [오-]+[더] |
| c**or**ner | [kɔ́ːrnər] | 명 구석 cor+ner [코-]+[너] |

☞ or을 [əːr / 어~]로 읽는 법칙

| 단어 | 발음 | 뜻과 발음요령 |
|---|---|---|
| w**or**d | [wə́ːrd] | 명 단어 wor+d [워-]+[드] |
| w**or**ker | [wə́ːrkər] | 명 노동자 wor+ker [워-]+[커] |
| w**or**ld | [wə́ːrld] | 명 세계 wor+l+d [워-]+[ㄹ]+[드] |
| w**or**ry | [wə́ːri] | 동 (~을) 걱정하다 wor+ry [워-]+[리] |

Day 10

# [ea], [are], [th]가 포함된 단어

☞ ea를 [i: / 이-]로 읽는 법칙

| 단어 | 발음 | 뜻과 발음요령 |
|---|---|---|
| beach | [bí:tʃ] | 명 바닷가 bea+ch [비-]+[치] |
| clean | [klí:n] | 동 ~을 깨끗이 하다 c+lea+n [크]+[리-]+[ㄴ] |
| leaf | [lí:f] | 명 잎 lea+f [리-]+[프] |
| meal | [mí:l] | 명 식사 mea+l [미-]+[ㄹ] |
| meat | [mí:t] | 명 고기 mea+t [미-]+[트] |
| steal | [stí:l] | 동 ~을 훔치다 s+tea+l [스]+[티-]+[ㄹ] |
| dream | [drí:m] | 명 꿈 drea+m [드리-]+[ㅁ] |
| season | [sí:zn] | 명 계절 sea+son [시-]+[즌] |
| heat | [hí:t] | 명 열 hea+t [히-]+[트] |
| heater | [hí:tər] | 명 히터, 난방기 hea+ter [히-]+[터] |

☞ are를 [eər / 에어]로 읽는 법칙

| 단어 | 발음 | 뜻과 발음요령 |
|---|---|---|
| c**are** | [kéər] | 명 돌봄 care [케어] |
| squ**are** | [skwéər] | 명 사각, 광장 s+q+uare [스]+[ㅋ]+[웨어] |
| sh**are** | [ʃéər] | 동 ~을 분배하다 share [쉐어] |

☞ th를 [θ / 스]로 읽는 법칙

| 단어 | 발음 | 뜻과 발음요령 |
|---|---|---|
| ba**th** | [bǽθ] | 명 목욕 ba+th [배]+[스] |
| bo**th** | [bóuθ] | 형 양쪽의 bo+th [보]+[스] |
| clo**th** | [klɔ́:θ] | 명 천 c+lo+th [크]+[ㄹ로-]+[스] |
| **th**ank | [θǽŋk] | 동 ~에게 감사하다 tha+n+k [쌔]+[ㅇ]+[크] |
| **th**ing | [θíŋ] | 명 물건, 것 thi+ng [씨]+[ㅇ] |
| **th**row | [θróu] | 동 ~을 던지다 th+row [쓰]+[로우] |

Day 10

# [a△e]가 포함된 단어

☞ a△e를 [ ei / 에이]로 읽는 법칙

| 단어 | 발음 | 뜻과 발음요령 |
|---|---|---|
| **age** | [éidʒ] | 몡 연령 a+ge [에이]+[지] |
| **cake** | [kéik] | 동 케이크 ca+ke [케이]+[크] |
| **came** | [kéim] | 동 왔다 ca+me [케이]+[ㅁ] |
| **case** | [kéis] | 몡 사건 ca+se [케이]+[스] |
| **gate** | [géit] | 몡 문 ga+te [게이]+[트] |
| **gave** | [géiv] | 동 ~을 주다 ga+ve [게이]+[브] |
| **lake** | [léik] | 몡 호수 la+ke [레이]+[크] |
| **made** | [méid] | 동 ~을 만들었다 ma+de [메이]+[드] |
| **name** | [néim] | 몡 이름 na+me [네이]+[ㅁ] |
| **page** | [péidʒ] | 몡 페이지 pa+ge [페이]+[지] |

☞ a△e를 [ ei / 에이 ]로 읽는 법칙

| 단어 | 발음 | 뜻과 발음요령 |
|---|---|---|
| **pale** | [péil] | 형 창백한 pa+le [페이]+[ㄹ] |
| **race** | [réis] | 명 경주 ra+ce [레이]+[스] |
| **tape** | [téip] | 명 테이프 ta+pe [테이]+[프] |
| **vase** | [véis] | 명 꽃병 va+se [베이]+[스] |
| **wake** | [wéik] | 동 잠이 깨다 wa+ke [웨이]+[그] |
| **wave** | [wéiv] | 명 파도 wa+ve [웨이]+[브] |
| **grade** | [gréid] | 명 계급 g+ra+de [그]+[레이]+[드] |
| **place** | [pléis] | 명 장소 p+la+ce [프]+[레이]+[스] |
| **space** | [spéis] | 명 공간 s+pa+ce [스]+[페이]+[스] |
| **shake** | [ʃéik] | 동 ~을 흔들다 sha+ke [쉐이]+[크] |

Day
**10**

# [i△e]가 포함된 단어

☞ i△e를 [ai / 아이]로 읽는 법칙

| 단어 | 발음 | 뜻과 발음요령 |
|---|---|---|
| mile | [máil] | 명 마일 mi+le [마이]+[ㄹ] |
| side | [sáid] | 명 측면 si+de [사이]+[드] |
| size | [sáiz] | 명 사이즈 si+ze [사이]+[즈] |
| bite | [báit] | 동 ~을 물다 bi+te [바이]+[트] |
| five | [fáiv] | 명 5 fi+ve [파이]+[브] |
| hide | [háid] | 동 ~을 숨기다 hi+de [하이]+[드] |
| wife | [wáif] | 명 아내 wi+fe [와이]+[프] |
| shine | [ʃáin] | 동 빛나다 shi+ne [샤이]+[ㄴ] |
| drive | [dráiv] | 동 ~을 운전하다, ~을 몰다 dri+ve [드라이]+[브] |
| price | [práis] | 명 가격 p+ri+ce [프]+[라이]+[스] |

☞ i△e를 [ ai / 아이]로 읽는 법칙

| 단어 | 발음 | 뜻과 발음요령 |
|---|---|---|
| **ins**i**de** | [insáid] | 부 ~의 안쪽에 in+si+de [인]+[사이]+[드] |
| **inv**i**te** | [inváit] | 동 ~을 초대하다 in+vi+te [인]+[바이]+[트] |
| **pr**i**ze** | [práiz] | 명 상품 p+ri+ze [프]+[라이]+[즈] |
| **sl**i**de** | [sláid] | 동 (차 등이) 미끄러지다 s+li+de [스]+[ㄹ라이]+[드] |
| **sm**i**le** | [smáil] | 동 미소 짓다 s | mi | le [스] | [마이] | [ㄹ] |

☞ i△e를 [ ai / 아이]로 읽는 법칙

| 단어 | 발음 | 뜻과 발음요령 |
|---|---|---|
| **d**i**e** | [dái] | 동 죽다 die[다이] |
| **l**i**e** | [lái] | 동 눕다 lie[라이] |
| **p**i**e** | [pái] | 명 파이 pie[파이] |
| **t**i**e** | [tái] | 명 넥타이 tie[타이] |

Day 10

# [o△e], [u△e], [ue]가 포함된 단어

☞ o△e를 [ou / 오우]로 읽는 법칙

| 단어 | 발음 | 뜻과 발음요령 |
|---|---|---|
| br**o**ke | [bróuk] | 동 ~을 깨뜨리다, 깨다 b+ro+ke [브]+[로]+[크] |
| dr**o**ve | [dróuv] | 동 ~을 운전했다 dro+ve [드로]+[브] |
| j**o**ke | [dʒóuk] | 명 농담 jo+ke [조]+[크] |
| r**o**de | [róud] | 동 ~을 탔다 ro+de [로]+[드] |
| r**o**pe | [róup] | 명 밧줄 ro+pe [로]+[프] |
| sp**o**ke | [spóuk] | 동 ~을 말했다 s+po+ke [스]+[포]+[크] |
| th**o**se | [ðóuz] | 대 그것들 형 그것들의 tho+se [도]+[즈] |
| st**o**ne | [stóun] | 명 돌 s+to+ne [스]+[토]+[ㄴ] |
| sh**o**ne | [ʃóun] | 동 빛났다 sho+ne [쇼]+[ㄴ] |
| n**o**te | [nóut] | 명 기록 no+te [노]+[트] |

## ☞ o△e를 [ʌ / 어]로 읽는 법칙

| 단어 | 발음 | 뜻과 발음요령 |
|---|---|---|
| ab**o**ve | [əbʌ́v] | 전 ~의 위에 a+bo+ve [어]+[보]+[브] |
| d**o**ne | [dʌ́n] | 동 do의 과거분사형, 형 조리된 do+ne [도]+[ㄴ] |
| gl**o**ve | [glʌ́v] | 명 장갑 g+lo+ve [그]+[러]+[브] |
| welc**o**me | [wélkəm] | 감 어서 오십시오! we+l+co+me [웨]+[ㄹ]+[커]+[ㅁ] |

## ☞ u△e 혹은 ue를 [ juː / 유 또는 uː / 우-]로 읽는 법칙

| 단어 | 발음 | 뜻과 발음요령 |
|---|---|---|
| r**u**le | [rúːl] | 명 규칙 ru+le [루]+[ㄹ] |
| tr**u**e | [trúː] | 형 진짜의 true [트루-] |
| introd**u**ce | [intrədjúːs] | 동 ~을 소개하다 in+tro+duce [인]+[트로]+[듀-스] |
| red**u**ce | [ridjúːs] | 동 줄이다 re+du+ce [리]+[듀-]+[스] |
| attit**u**de | [ǽtitjùːd] | 명 태도 atti+tu+de [애티]+[튜-]+[드] |

Day 10

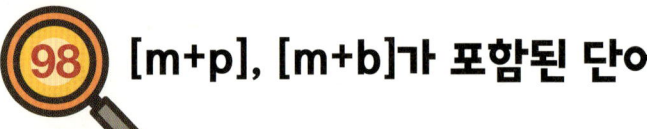

# [m+p], [m+b]가 포함된 단어

☞ m+p 혹은 m+b에서 [m]은 입을 닫은 채 [ㅁ]으로 발음하는 법칙

| 단어 | 발음 | 뜻과 발음요령 |
|---|---|---|
| empty | [émpti] | 형 비어 있는 emp+ty [엠 티] |
| impress | [imprés] | 동 ~에게 감명을 주다 imp+re+ss [임프]+[레]+[스] |
| impression | [impréʃən] | 명 인상 imp+re+ssion [임프]+[레]+[션] |
| improve | [imprúːv] | 동 ~을 개선하다 imp+ro+ve [임프]+[루-]+[브] |
| important | [impɔ́ːrtənt] | 형 중요한 im+por+tant [임]+[포-]+[턴트] |
| importance | [impɔ́ːrtəns] | 명 중요성 im+por+tance [임]+[포-]+[턴스] |
| champion | [tʃǽmpiən] | 대 우승자 cham+pi+on [챔]+[피]+[언] |
| championship | [tʃǽmpiənʃip] | 명 선수권 cham+pi+on+shi+p [챔]+[피]+[언]+[쉬]+[브] |
| symbol | [símbəl] | 명 상징 sym+bo+l [심]+[보]+[ㄹ] |
| Olympics | [əlímpiks] | 명 the Olympics로 쓴다 o+lym+pi+cs [어]+[ㄹ림]+[피]+[ㄱ스] |

☞ m+p 혹은 m+b에서 [m]은 입을 닫은 채 [ㅁ]으로 발음하는 법칙

| 단어 | 발음 | 뜻과 발음요령 |
|---|---|---|
| **simple** | [símpl] | 형 단순한 sim+ple [심]+[플] |
| **temple** | [témpl] | 명 절 tem+ple [템]+[플] |
| **jump** | [dʒámp] | 동 뛰다 jum+p [점]+[프] |
| **lamp** | [læmp] | 명 램프 lam+p [램]+[프] |
| **stamp** | [stǽmp] | 명 우표, 스탬프 s ǀ tam ǀ p [스]ǀ[탬]ǀ[프] |
| **computer** | [kəmpjú:tər] | 명 컴퓨터 com+pu+ter [컴]+[퓨-]+[터] |
| **company** | [kámpəni] | 명 회사 com+pa+ny [컴]+[퍼]+[니] |
| **complain** | [kəmpléin] | 동 불평하다 com+p+lai+n [컴]+[프]+[ㄹ레이]+[ㄴ] |
| **member** | [mémbər] | 명 일원 mem+ber [멤]+[버] |
| **number** | [námbər] | 명 수 num+ber [넘]+[버] |

Day 10

# [-ll], [-ss] 자음 문자가 연속되는 단어

☞ 강세 다음에 오는 문자가 중복되는 경우

| 단어 | 발음 | 뜻과 발음요령 |
|---|---|---|
| **bell** | [bél] | 명 종 be+ll [베]+[ㄹ] |
| **fell** | [fél] | 동 떨어졌다, ~을 떨어뜨렸다 fe+ll [페]+[ㄹ] |
| **fill** | [fíl] | 동 ~을 채우다 fi+ll [피]+[ㄹ] |
| **hill** | [híl] | 명 언덕 hi+ll [히]+[ㄹ] |
| **till** | [tíl] | 전 ~까지 ti+ll [티]+[ㄹ] |
| **pull** | [púl] | 동 ~을 당기다 pu+ll [푸]+[ㄹ] |
| **doll** | [dál] | 명 인형 do+ll [다]+[ㄹ] |
| **kiss** | [kís] | 명 키스 동 ~에게 키스하다 ki+ss [키]+[스] |
| **pass** | [pǽs] | 동 ~을 넘겨주다, 지나가다 pa+ss [패]+[스] |

☞ 강세 다음에 오는 문자가 중복되는 경우

| 단어 | 발음 | 뜻과 발음요령 |
|---|---|---|
| **grass** | [grǽs] | 몡 풀, 잔디 g+ra+ss [그]+[래]+[스] |
| **glass** | [glǽs] | 몡 유리 잔 g+la+ss [그]+[래]+[스] |
| **dress** | [drés] | 몡 드레스 dre+ss [드레]+[스] |
| **chess** | [tʃés] | 몡 체스 che+ss [체]+[스] |
| **smell** | [smél] | 동 냄새를 맡다 s ı me ıl [스]ı[메]ı[ㄹ] |
| **still** | [stíl] | 부 아직 s+ti+ll [스]+[티]+[ㄹ] |
| **hello** | [helóu] | 부 안녕하세요 he+llo [헤]+[ㄹ로우] |
| **wallet** | [wálit] | 몡 지갑 wa+llet [와]+[ㄹ릿] |
| **million** | [míljən] | 몡 1,000만 mi+llion [미]+[ㄹ리언] |

Day 10

# 100 [-pp], [-tt]가 포함된 단어

☞ 강세 다음에 오는 문자가 중복되는 경우

| 단어 | 발음 | 뜻과 발음요령 |
|---|---|---|
| su**pp**er | [sʌ́pər] | 명 저녁 식사 su+pper [서]+[퍼] |
| ha**pp**en | [hǽpən] | 동 ~이 일어나다 ha+ppen [해]+[픈] |
| bo**tt**le | [bátl] | 동 병 bo+ttle [바]+[틀 / 를] |
| be**tt**er | [bétər] | 형 더욱 좋은 be+tter [베]+[터 / 러] |
| bu**tt**er | [bʌ́tər] | 명 버터 bu+tter [버]+[터 / 러] |
| ma**tt**er | [mǽtər] | 명 사건, 문제 ma+tter [매]+[터 / 러] |

☞ 강세 다음에 오는 문자가 중복되는 경우

| 단어 | 발음 | 뜻과 발음요령 |
|---|---|---|
| ja**zz** | [dʒǽz] | 명 재즈 ja+zz [재]+[즈] |
| ho**bb**y | [hábi] | 명 취미 ho+bby [하]+[비] |
| co**mm**on | [kámən] | 형 공통의 co+mmon [카]+[먼] |
| mi**rr**or | [mírər] | 명 거울 mi+rror [미]+[러] |
| mi**dd**le | [mídl] | 명 중앙 mi+ddle [미]+[들] |
| e**ff**ort | [éfərt] | 명 노력 e+ffort [에]+[퍼트] |

## 기본 동사 변화표

| 뜻 | 원형(현재형) | 과거형 | 과거분사 | 현재진행형 |
|---|---|---|---|---|
| **A-A-A형** | | | | |
| 자르다 | cut(s) | cut | cut | cutting |
| 치다 | hit(s) | hit | hit | hitting |
| 놓다 | put(s) | put | put | putting |
| 놓다 | set(s) | set | set | setting |
| 닫다 | shut(s) | shut | shut | shutting |
| **A-B-A형** | | | | |
| ~이 되다 | become(s) | became | become | becoming |
| 오다 | come(s) | came | come | coming |
| 달리다 | run(s) | ran | run | running |
| **A-B-B형** | | | | |
| 세우다 | build(s) | built | built | building |
| 출발하다 | leave(s) | left | left | leaving |
| 빌려주다 | lend(s) | lent | lent | lending |
| 잃다 | lose(s) | lost | lost | losing |
| 만들다 | make(s) | made | made | making |
| 의미하다 | mean(s) | meant | meant | meaning |
| 만나다 | meet(s) | met | met | meeting |
| 지불하다 | pay(s) | paid | paid | paying |
| 빛나다 | shine(s) | shone | shone | shining |
| 앉다 | sit(s) | sat | sat | sitting |
| 느끼다 | feel(s) | felt | felt | feeling |
| 발견하다 | find(s) | found | found | finding |
| 가지고 있다 | have(has) | had | had | having |

| 뜻 | 원형(현재형) | 과거형 | 과거분사 | 현재진행형 |
|---|---|---|---|---|
| 듣다 | hear(s) | heard | heard | hearing |
| 유지하다 | keep(s) | kept | kept | keeping |
| 말하다 | say(s) | said | said | saying |
| 팔다 | sell(s) | sold | sold | selling |
| 말하다 | tell(s) | told | told | telling |
| 잡다 | hold(s) | held | held | holding |
| 보내다 | send(s) | sent | sent | sending |
| 소비하다 | spend(s) | spent | spent | spending |
| 자다 | sleep(s) | slept | slept | sleeping |
| 서다 | stand(s) | stood | stood | standing |
| 이해하다 | understand(s) | understood | understood | understanding |
| 가르치다 | teach(es) | taught | taught | teaching |
| 붙잡다 | catch(es) | caught | caught | catching |
| 사다 | buy(s) | bought | bought | buying |
| 생각하다 | think(s) | thought | thought | thinking |
| 가져가다(오다) | bring(s) | brought | brought | bringing |
| A-B-C형 | | | | |
| 마시다 | drink(s) | drank | drunk | drinking |
| 시작하다 | begin(s) | began | begun | beginning |
| 노래하다 | sing(s) | sang | sung | singing |
| 헤엄치다 | swim(s) | swam | swum | swimming |
| 운전하다 | drive(s) | drove | driven | driving |
| 타다 | ride(s) | rode | ridden | riding |
| 일어나다 | rise(s) | rose | risen | rising |

| 뜻 | 원형(현재형) | 과거형 | 과거분사 | 현재진행형 |
|---|---|---|---|---|
| 쓰다 | write(s) | wrote | written | writing |
| 말하다 | speak(s) | spoke | spoken | speaking |
| 훔치다 | steal(s) | stole | stolen | stealing |
| 주다 | give(s) | gave | given | giving |
| 먹다 | eat(s) | ate | eaten | eating |
| 던지다 | throw(s) | threw | thrown | throwing |
| 날다 | fly(flies) | flew | flown | lying |
| 성장하다 | grow(s) | grew | grown | growing |
| 그리다 | draw(s) | drew | drawn | drawing |
| 알다 | know(s) | knew | known | knowing |
| 얻다 | get(s) | got | gotten | getting |
| 잊다 | forget(s) | forgot | forgotten | forgetting |
| 가다 | go(es) | went | gone | going |
| 잡다 | take(s) | took | taken | taking |
| 입고 있다 | wear(s) | wore | worn | wearing |
| 하다 | do(es) | did | done | doing |
| 보이다 | see(s) | saw | seen | seeing |
| 보여주다 | show(s) | showed | shown | showing |

Day 10

# Answer

**1. 인칭대명사 ① p.15**
① 나는　　　② 나의(내)
③ 나와 함께　④ 내거
⑤ 혼잣말을 해요　⑥ 너
⑦ 너의(네)　　⑧ 너를
⑨ 네거　　　⑩ 자기소개를 해

**2. 인칭대명사 ② p.17**
① 그는　　　② 그의
③ 그를　　　④ 그의 것
⑤ 혼잣말을 했다　⑥ 그녀는
⑦ 그녀의　　⑧ 그녀를
⑨ 그녀의 것　⑩ 혼자

**3. 인칭 대명사 ③ p.19**
① 우리는　　② 우리(의)
③ 우리랑　　④ 우리 것
⑤ 즐거운 시간을 보냈습니다
⑥ 그들은　　⑦ 그(녀)들의
⑧ 그(녀)들　⑨ 그(녀)들의 것
⑩ 자기소개를 했습니다

**4. 대명사 p.21**
① 그것은　　② 그것의
③ 그것을　　④ 저절로
⑤ 그것들은　⑥ 그(것)들의
⑦ 그(것)들을　⑧ 그(것)들끼리만

**5. '사람'을 나타내는 단어 p.23**
① 외동　　　② 성인
③ 여성　　　④ 숙녀분
⑤ 소녀　　　⑥ 남자
⑦ 아들　　　⑧ 사람
⑨ 사람들　　⑩ 친구

**6. '가족, 친척'을 나타내는 단어 p.25**
① 가족　　　② 부모님
③ 아들　　　④ 딸
⑤ 할아버지　⑥ 자매
⑦ 형, 남동생　⑧ 삼촌
⑨ 고모　　　⑩ 사촌

**7. 의문사 p.27**
① 무엇을　　② 무엇이
③ 어떤　　　④ 어느 것이
⑤ 어느　　　⑥ 누가
⑦ 누구를　　⑧ 누구의
⑨ 누구의 것　⑩ 어떻게
⑪ 얼마나　　⑫ 정말

**8. 함께 외워두면 좋은 동사 ① p.31**
① 시작합니다　② 시작합니다
③ 끝납니다　④ 끝납니다
⑤ 받겠습니다　⑥ 줄 것입니다
⑦ 잃어버렸습니까　⑧ 찾았습니까
⑨ 뜁니다　　⑩ 집니다

**9. 함께 외워두면 좋은 동사 ② p.33**
① 잃어버렸습니다　② 생각나지
③ 걸을까요　④ 뛰자
⑤ 노래 부를까요　⑥ 춤출까요
⑦ 놀까요　　⑧ 일하지
⑨ 책 읽기(독서)　⑩ 써

## 10. 함께 외워두면 좋은 동사 ③ p.35

① 성공할　② 실패한다
③ 앉으세요　④ 일어나세요
⑤ 팝니다　⑥ 사는 것
⑦ 물어봐도　⑧ 대답해
⑨ 열어봐도　⑩ 닫아

## 11. 함께 외워두면 좋은 동사 ④ p.37

① 할애하는　② 절약하기
③ 빌려주실　④ 빌릴
⑤ 망가뜨리지　⑥ 지을
⑦ 요리하는 것　⑧ 먹는 것
⑨ 떠날　⑩ 도착할

## 12. 틀리기 쉬운 동사 ① p.39

① 볼　② 시청
③ 봐요　④ 만나서
⑤ 만나서　⑥ 도와
⑦ 구하고　⑧ 잡고
⑨ 따고　⑩ 받았다

## 13. 틀리기 쉬운 동사 ② p.41

① 공부하고　② 배우고
③ 가지고 있다　④ 손에 들고
⑤ 잔다　⑥ 잡니다
⑦ 갖고 갈게요　⑧ 갖다줄게요
⑨ 갈게요　⑩ 갈게요

## 14. 틀리기 쉬운 동사 ③ p.43

① 알아냈습니다　② 알고 있습니다
③ 받았습니다　④ 가지고 있습니다
⑤ 탔습니다　⑥ 타고 가버렸어요

⑦ 사랑에 빠졌어요　⑧ 사랑하고 있어요
⑨ 가입했습니다　⑩ 소속되어 있습니다

## 15. 혼동하기 쉬운 동사 p.45

① 가르쳐　② 가르쳐
③ 가르쳐　④ (말)할
⑤ 이야기할　⑥ 해야
⑦ 들립니까　⑧ 들어
⑨ 놓을　⑩ 놓아

## 16. 동작이나 상태를 나타내는 동사 ① p.47

① 좋아해요　② 생각해요
③ 바래요　④ 믿어요
⑤ 삽니다　⑥ 같죠
⑦ 같죠　⑧ 같아요
⑨ 같은 맛이 납니다　⑩ 에 동의합니다

## 17. 동작이나 상태를 나타내는 동사 ② p.49

① 맵니다　② 매고 있습니다
③ 매고 있습니다　④ 잠자리에 듭니다
⑤ 되었습니다　⑥ 입니다
⑦ 걸렸다　⑧ 걸려 있다
⑨ 배웠습니다　⑩ 알고 있습니다

## 18. 조동사 ① 긍정문의 경우 p.51

① 겠습니다　② 예정입니다
③ 할 수　④ 할 수
⑤ 만나야 해요　⑥ 가야 해요
⑦ 좋다　⑧ 타야 합니다
⑨ 필요가 있어

# Answer

### 19. 조동사 ② 의문사의 경우 p.53
① 주겠니
② 줄래요
③ 주시겠습니까
④ 주시겠습니까
⑤ 될까요
⑥ 괜찮겠습니까
⑦ 열까요
⑧ 열까요
⑨ 하나요

### 20. 월 p.57
① 1월
② 2월
③ 3월
④ 4월
⑤ 5월
⑥ 6월은
⑦ 7월
⑧ 8월
⑨ 9월
⑩ 10월
⑪ 11월
⑫ 12월

### 21. 요일, 계절 p.59
① 일요일
② 월요일
③ 화요일
④ 수요일
⑤ 목요일
⑥ 금요일
⑦ 토요일
⑧ 봄
⑨ 여름
⑩ 가을
⑪ 겨울

### 22. '시간'을 나타내는 단어 ① p.61
① 오늘
② 내일
③ 어제
④ 1주일
⑤ 한 달
⑥ 1년
⑦ 나이
⑧ 장래
⑨ 과거
⑩ 21세기

### 23. '시간'을 나타내는 단어 ② p.63
① 날짜
② 요일

③ 오전
④ 정오(낮 12시)
⑤ 오후
⑥ 저녁
⑦ 밤
⑧ 한밤중
⑨ 때
⑩ 1시간
⑪ 분

### 24. 집 p.65
① 집
② 집에
③ 방
④ 창문
⑤ 현관
⑥ 부엌
⑦ 거실
⑧ 침실
⑨ 화단
⑩ 앞뜰

### 25. 음식 p.67
① 밥
② 빵
③ 달걀
④ 샐러드
⑤ 수프
⑥ 채소
⑦ 과일
⑧ 사과
⑨ 오렌지
⑩ 바나나

### 26. 신체 p.69
① 머리
② 머리카락
③ 귀
④ 눈
⑤ 냄새
⑥ 입
⑦ 손가락
⑧ 얼굴
⑨ 다리
⑩ 발

### 27. 커뮤니케이션에 관한 단어 p.71
① 의사소통
② 스피치
③ 언어
④ 제스처
⑤ 편지
⑥ 우편
⑦ 이메일
⑧ 인사장

⑨ 전화   ⑩ 팩스

## 28. 학교 p.75
① 학교   ② 중학교
③ 고등학교   ④ 보육원
⑤ 어린이집   ⑥ 초등학교
⑦ 대학   ⑧ 대학교
⑨ 선생님   ⑩ 학생

## 29. 학용품 p.77
① 펜   ② 연필
③ 공책   ④ 책상
⑤ 의자   ⑥ 가방
⑦ 교복   ⑧ 신발
⑨ 종이   ⑩ 티슈

## 30. 학교생활 p.79
① 학교생활   ② 수업
③ 수업   ④ 동아리
⑤ 숙제   ⑥ 문제
⑦ 문제   ⑧ 도서관
⑨ 개인용 컴퓨터   ⑩ 인터넷

## 31. 과목 p.81
① 과목   ② 영어
③ 수학   ④ 한국어
⑤ 프랑스어   ⑥ 과학
⑦ 한국사   ⑧ 미술
⑨ 음악   ⑩ 체육

## 32. 음악, 악기 p.83
① 악기   ② 피아노
③ 플루트   ④ 기타
⑤ 바이올린   ⑥ 오르간
⑦ 음악   ⑧ 음악가
⑨ 가사   ⑩ 피아니스트

## 33. 스포츠 ① p.85
① 스포츠   ② 팀
③ 시합   ④ 테니스
⑤ 선수   ⑥ 야구
⑦ 축구   ⑧ 농구
⑨ 배구   ⑩ 하키

## 34. 스포츠 ② p.87
① 캠핑하는 것   ② 등산
③ 스키   ④ 스케이트
⑤ 달리기   ⑥ 걷기
⑦ 조깅   ⑧ 수영
⑨ 댄스   ⑩ 태권도

## 35. 일, 직업 p.89
① 일   ② 일
③ 가수   ④ 야구선수
⑤ 축구선수   ⑥ 의사
⑦ 간호사   ⑧ 선생님
⑨ 기술자   ⑩ 경찰관

## 36. 거리의 건물 p.93
① 건물   ② 호텔
③ 역   ④ 병원
⑤ 우체국   ⑥ 성
⑦ 미술관[박물관]   ⑧ 시청
⑨ 탑   ⑩ 영화관

# Answer

**37. 교통기관 ① p.95**
① 자동차로  ② 자전거로
③ 오토바이  ④ 비행기로
⑤ 버스  ⑥ 배
⑦ 작은 배  ⑧ 지하철
⑨ 기차  ⑩ 택시로

**38. 교통기관 ② p.97**
① 비행기  ② 비행기로
③ 공항  ④ 항공
⑤ 편  ⑥ 파일럿
⑦ 비행기 승무원  ⑧ 승객
⑨ 수하물  ⑩ 세관

**39. '국가'에 관한 단어 p.99**
① 나라  ② 미국
③ 한국  ④ 호주
⑤ 중국  ⑥ 캐나다
⑦ 프랑스  ⑧ 이탈리아
⑨ 독일  ⑩ 일본

**40. '지역'에 관한 단어 p.101**
① 장  ② 도시
③ 시내  ④ 마을
⑤ 농장  ⑥ 시장
⑦ 편의점  ⑧ 서점
⑨ 꽃집  ⑩ 레스토랑

**41. '자연'에 관한 단어 ① p.103**
① 날씨  ② 기후
③ 북풍  ④ 비
⑤ 소나기  ⑥ 눈
⑦ 무지개  ⑧ 얼음
⑨ 일출  ⑩ 저녁노을

**42. '자연'에 관한 단어 ② p.105**
① 자연  ② 하늘
③ 행운  ④ 구름
⑤ 해  ⑥ 달
⑦ 지구  ⑧ 바다
⑨ 해양[바다]  ⑩ 수평선

**43. '자연'에 관한 단어 ③ p.107**
① 땅  ② 토지
③ 도로  ④ 거리
⑤ 산  ⑥ 산불
⑦ 나무  ⑧ 나무
⑨ 체리  ⑩ 강

**44. 동물 p.109**
① 사자  ② 호랑이
③ 코끼리  ④ 원숭이
⑤ 얼룩말  ⑥ 코알라
⑦ 양  ⑧ 낙타
⑨ 캥거루  ⑩ 펭귄

**45. 생물 p.111**
① 생물  ② 개구리
③ 물고기  ④ 닭
⑤ 두루미  ⑥ 토끼
⑦ 암소  ⑧ 말
⑨ 돌고래들  ⑩ 나비

## 46. '감정'을 나타내는 형용사 p.115
① 행복합니다　② 기쁩니다
③ (대단히)기쁩니다　④ 좋습니다
⑤ 만족합니다　⑥ 기꺼이
⑦ 슬픕니다　⑧ 무서워합니다
⑨ 화나게　⑩ 유감

## 47. '몸 상태'를 나타내는 형용사 p.117
① 잘 지냅니다　② 좋습니다
③ 좋습니다　④ 좋습니다
⑤ 좋습니다　⑥ 만족스럽습니다
⑦ 만족스럽습니다　⑧ 그저 그렇습니다
⑨ (상태가) 안 좋습니다
⑩ 최악입니다

## 48. '날씨'를 나타내는 형용사 p.119
① 덥군요　② 춥군요
③ 따뜻하군요　④ 시원하군요
⑤ 비가 옵니다　⑥ 눈이 내립니다
⑦ 흐리군요　⑧ 바람이 세군요
⑨ 맑군요　⑩ 햇빛이 밝군요

## 49. 함께 외우면 좋은 형용사 ① p.121
① 쉬워요　② 어려워요
③ 간단한　④ 어려운
⑤ 딱딱합니다　⑥ 푹신합니다
⑦ 좋아요　⑧ 나빠요
⑨ 기뻐요　⑩ 슬퍼하지

## 50. 함께 외우면 좋은 형용사 ② p.123
① 단단한　② 허약합니다
③ 시간이 있습니까?　④ 바쁩니다
⑤ 가깝습니다　⑥ 멉니다
⑦ 맞습니다　⑧ 틀렸습니다
⑨ 같은　⑩ 다른

## 51. 함께 외우면 좋은 형용사 ③ p.125
① 가난했습니다　② 부자입니다
③ 검은　④ 흰
⑤ 바쁩니까?　⑥ 한가합니다
⑦ 조용히　⑧ 시끌벅적한
⑨ 어두워지고　⑩ 환합니다

## 52. 틀리기 쉬운 형용사 ① p.127
① 빨리　② 빨리
③ 늦게　④ 느리게
⑤ 가득합니다　⑥ 가득합니다
⑦ 좋습니다　⑧ 좋습니다
⑨ 높은　⑩ 높은

## 53. 틀리기 쉬운 형용사 ② p.129
① 흥미가 있습니다　② 흥미롭습니다
③ 들떠　④ 흥분하게
⑤ 놀랐습니다　⑥ 놀라움을 주었습니다
⑦ 죽어 가고　⑧ 죽었습니다
⑨ 살아 있습니다　⑩ 살아 있는

## 54. 틀리기 쉬운 형용사 ③ p.131
① 모든　② 모든
③ 각각의　④ 도
⑤ 도　⑥ 도
⑦ 누구　⑧ 다른
⑨ 다른[별개의]　⑩ 다른[별개의]

# Answer

**55. 틀리기 쉬운 형용사 ④ p.133**
① 친절합니다   ② 착해요
③ 귀엽지요   ④ 아름답지요
⑤ 큰   ⑥ 크군요
⑦ 작습니다(작아서 귀엽습니다)
⑧ 작습니다   ⑨ 맛있습니다
⑩ 맛있습니다

**56. 단어의 일부가 같은 발음인 형용사 p.135**
① 특별   ② 국립
③ 국제화가 되고   ④ 좋군요
⑤ 유용한가요   ⑥ 도움이 될
⑦ 유명해   ⑧ 위험해요
⑨ 충분한   ⑩ 젊음

**57. '장소, 방향'을 나타내는 부사 p.139**
① 여기서   ② 그곳에
③ 이쪽으로   ④ 저쪽에
⑤ 어디든지   ⑥ 어디서나
⑦ 집에 안 계십니다 ⑧ 외출 중입니다
⑨ 곧장

**58. '장소, 시간'을 나타내는 부사 p.141**
① 위층에[2층에]   ② 아래층에[1층에]
③ 집에   ④ 번화가에
⑤ 해외에   ⑥ 해외에서
⑦ 이곳에   ⑧ 그곳에
⑨ 어디에   ⑩ 언제

**59. '방향'을 나타내는 부사 p.143**
① 일어서   ② 앉아

③ 오른쪽으로   ④ 왼쪽으로
⑤ 북쪽으로   ⑥ 남쪽
⑦ 동쪽을   ⑧ 서쪽으로

**60. '빈도, 횟수'를 나타내는 부사 p.145**
① 항상   ② 평소
③ 자주[종종]   ④ 때때로
⑤ 때때로   ⑥ 전혀
⑦ 한 번   ⑧ 두 번
⑨ 세 번   ⑩ 여러번

**61. 틀리기 쉬운 전치사 ① p.147**
① 에   ② 에
③ 에   ④ 까지
⑤ 전에   ⑥ 까지
⑦ 안에   ⑧ 이내에
⑨ 후에   ⑩ 이후에는

**62. 틀리게 사용하기 쉬운 전치사 ② p.149**
① 부터   ② 부터 지금까지
③ 동안   ④ 동안
⑤ 에 찬성   ⑥ 에 반대
⑦ 으로   ⑧ 하지 않고는
⑨ (위)에   ⑩ 위에

**63. 비교하면서 외우는 전치사 p.151**
① 횡단합시다   ② 따라서
③ 주위   ④ 가로질러
⑤ 위로   ⑥ 아래에
⑦ 사이에   ⑧ 사이에
⑨ 안에   ⑩ 밖

64. 비교하면서 외우는 접속사 p.153
① 고
② 있지만
③ 아니면
④ 후에
⑤ 전에
⑥ 해서
⑦ 그래서
⑧ 그래서
⑨ 하면
⑩ 때

65. some과 any로 시작하는 부정대명사 p.155
① 누군가
② 누군가
③ 어딘가
④ 언젠가
⑤ 언젠가
⑥ 누군가
⑦ 누군가
⑧ 무엇인가
⑨ 무엇이든지
⑩ 어쨌든

66. 셀 수 없는(=불가산) 명사 p.159
① 주스
② 물
③ 우유
④ 차
⑤ 커피
⑥ 소식
⑦ 충고
⑧ 종이
⑨ 일
⑩ 숙제

67. 단축형이 있는 명사 p.161
① TV
② TV
③ 전화
④ 전화
⑤ 자전거로
⑥ 자전거
⑦ 수학
⑧ 수학
⑨ 산
⑩ 산

68. '색'을 나타내는 명사와 형용사 p.163
① 검정색 옷을 입고
② 흰색 옷을 입고
③ 적자
④ 파란색 옷
⑤ 갈색
⑥ 회색
⑦ 녹색
⑧ 은
⑨ 금
⑩ 노랗게

69. '국적, 언어'를 나타내는 명사와 형용사 p.165
① 한국어
② 중국어
③ 프랑스어
④ 이탈리아어
⑤ 독일어
⑥ 스페인 사람
⑦ 호주 사람
⑧ 캐나다 사람
⑨ 미국 사람
⑩ 영국 사람

70. '동직'을 나타내는 동사와 '사람'을 나타내는 명사 ① p.167
① 뛴다
② 주자
③ 수영을 잘한다
④ 수영선수다
⑤ 씁니다
⑥ 작가
⑦ 먹습니다
⑧ 식욕이 왕성합니다
⑨ 술을 마시거나
⑩ 술꾼

71. '동작'을 나타내는 동사와 '사람'을 나타내는 명사 ② p.169
① 이끌고 있습니다
② 지도자
③ 만듭니다
④ 시계 제조회사
⑤ 시작할
⑥ 초보자
⑦ 책을 읽습니다
⑧ 속독
⑨ 청취합니다
⑩ 청취자

72. 동사와 -ing로 끝나는 명사 ① p.171
① 뜻입니까
② 뜻
③ 만나게
④ 회의
⑤ 주차
⑥ 주차금지

# Answer

⑦ (그림물감으로) 그림을 그립니다
⑧ 그림　　　　⑨ 낚시
⑩ 낚시를 하러 갑니다

### 73. 동사와 -ing로 끝나는 명사 ② p.173
① 훈련되어　　② 운동화
③ 쇼핑합시다　④ 쇼핑 좀
⑤ 건넙시다　　⑥ 건널목
⑦ 알겠습니다　⑧ 이해
⑨ 탑니다　　　⑩ 기분

### 74. 동사와 -tion, -sion으로 끝나는 명사 p.175
① 행동합시다　② 활동
③ 수집하는　　④ 수집
⑤ 상상　　　　⑥ 상상력
⑦ 자신의 생각을 표현할
⑧ 표정　　　　⑨ 이야기를 나눠
⑩ 이야기를 나눠

### 75. 거의 같은 뜻을 가진 동사와 명사 p.177
① 움직이는군요　② 동작
③ 지불하겠습니다　④ 현금지불하겠습니다
⑤ 흥분하지　　⑥ 과도한 흥분
⑦ 모릅니다　　⑧ 모릅니다
⑨ 결혼했습니다　⑩ 결혼식

### 76. 동사와 명사의 일부분이 다른 단어 p.179
① 구하기　　　② 안전
③ 조언했습니다　④ 조언
⑤ 앉아주세요　⑥ 앉아주세요

⑦ 노래를 부릅시다　⑧ 노래
⑨ 발견되었습니다　⑩ 미국의 발견

### 77. 어원이 같은 형용사와 명사 ① p.183
① 행복　　　　② 행복
③ 친절　　　　④ 친절
⑤ 나쁜　　　　⑥ 병
⑦ 차멀미　　　⑧ 병
⑨ 도움이 됩니다　⑩ 쓸모가 없습니다

### 78. 어원이 같은 형용사와 명사 ② p.185
① 재미있어요　② 굉장히 재미있습니다
③ 친절합니다　④ 신사, 숙녀 여러분
⑤ 건강하십니다　⑥ 건강
⑦ 매우 유용합니다　⑧ 대단히 도움이 됩니다
⑨ 역사적으로 유명한[중요한]
⑩ 역사책 한 권

### 79. 어원이 같은 형용사와 명사 ③ p.187
① 국어　　　　② 외국인
③ 우호적　　　④ 내 친구
⑤ 운이 좋으시군요　⑥ 행운을 빕니다!
⑦ 책임자　　　⑧ 책임감이 강합니다
⑨ 사회 문제　　⑩ 사회

### 80. 어원이 같은 형용사와 명사 ④ p.189
① 이상한　　　② 처음 왔습니다
③ 전통적인　　④ 전통
⑤ 과묵한 타입　⑥ 침묵
⑦ 시끄럽습니다　⑧ 시끄럽게 하지 마시오
⑨ 한가　　　　⑩ 자유

81. 어원이 같은 형용사와 명사 ⑤ p.191
① 누구의          ② 누가
③ 나무로 만든     ④ 나무
⑤ 젊은            ⑥ 젊음
⑦ 참으세요        ⑧ 참을 수 없습니다
⑨ 평화로운        ⑩ 평화

82. 어원이 같은 형용사와 부사 ① p.193
① 느려요          ② 천천히
③ 주의            ④ 주의하여
⑤ 확신합니다      ⑥ 틀림없이
⑦ 뚜렷한          ⑧ 뚜렷하게
⑨ 쉬워요          ⑩ 쉽게

83. 어원이 같은 형용사와 부사 ② p.195
① 빠릅니다        ② 빨리
③ 조용합니다      ④ 조용히
⑤ 안전하게        ⑥ 무사히
⑦ 대부분의        ⑧ 일반적으로
⑨ 확신합니다      ⑩ 확실히

84. 셀 수 있는(가산) 명사와 함께 사용하는 형용사 p.197
① 약간의          ② 몇 명이나
③ 없습니다        ④ 하나도 없습니다
⑤ 그다지 많지 않습니다
⑥ 많습니까        ⑦ 많습니다
⑧ 많습니다        ⑨ 약간 있습니다
⑩ 거의 없습니다

85. 셀 수 없는(불가산) 명사와 함께 사용하는 형용사 p.199
① 약간의          ② 조금
③ 없습니다        ④ 조금도 없습니다
⑤ 그다지 많지 않습니다
⑥ 많이            ⑦ 많습니다
⑧ 많습니다        ⑨ 조금 있습니다
⑩ 거의 없습니다

# Index

**A...**
a few 196
a little 198
a lot of 196,198
about 212
above 225
abroad 140
across 150
act 174
action 174
adult 22
advice 158,178
advise 178
afraid 114
after 146,152
afternoon 62
against 148
age 60,220
ago 205
agree 46
air 215
airline 96
airplane 96
airport 96
alive 128
all 130
all right 116
along 150
also 130
always 144
am 48

am in love with 42
America 98
American 164
among 150
and 152
angry 114
another 130
answer 34
any 196,198
anybody 154
anyone 154
anything 154
anyway 154
anywhere 138
apple 66
April 56
area 100
around 150,212
arrive 36
art 80
as 152
ask 34
at 146
athlete 209
attitude 225
August 56
aunt 24
Australia 98
Australian 164

**B...**
bad 116,120
bag 76
baggage 96
ball 205
banana 66
bark 214
baseball 84
baseball player 88
basketball 84
bath 219
be able to 50
be going to 50
beach 218
beautiful 132
became 204
because 152
become 48
bedroom 64
bee 208
before 146,152
began 204
begin 30,168
beginner 168
believe 46
bell 228
belong to 42
better 230
between 150
bicycle 160
big 132

bike 94,160
bird 214
birthday 214
bite 222
black 124,162
blue 162
boat 94
born 217
borrow 36
both 219
bottle 230
boy 22
bread 66
break 36
bring 40
British 164
broke 224
brother 24
brown 162
build 36
building 92
burn 215
bus 94
busy 122,124
but 152
butter 230
butterfly 110
buy 34
by 146

**C...**
cake 220
call 205
came 220
camel 108
camping 86
can 50
can I 52
can you 52
Canada 98
Canadian 164
car 94
care 219
careful 192
carefully 192
case 220
castle 92
catch 48
center 216
century 60
certain 192
certainly 192
chair 76
champion 226
championship 226
cherry 106
chess 229
chicken 110
child 22
China 98
Chinese 164

church 215
city 100
city hall 92
class 78
classroom 210
clean 218
clear 118,192
clearly 192
clever 216
climate 102
climbing 86
close 34
cloth 219
cloud 104
cloudy 118
club 78
coffee 158
cold 118
collect 174
collection 174
college 74
come 40
common 231
communication 70
company 227
complain 227
convenience store 100
cook 36
cool 118
corn 217
corner 217

245

# Index

Could you 52
count 212
counter 216
country 98
couple 213
cousin 24
cow 110
crane 110
creature 110
cross 172
crossing 172
cup 206
Customs 96
cut 206

## D...
dance 32
dancing 86
dangerous 134
dark 124
date 62
daughter 24
day 62
dead 128
December 56
deep 208
deeply 208
delicious 132
desk 76
die 223
different 122,130

difficult 120
discover 178
discovery 178
discuss 174
discussion 174
doctor 88
doll 228
dolphin 110
done 225
don't 205
double 213
down 142
downstairs 140
dream 218
dress 229
drink 166
drinker 166
drive 222
driver 216
drove 224
during 148
dying 128

## E...
each 130
ear 68
early 126
earth 104
easily 192
east 142
easy 120,192

eat 36,166
eater 166
effort 231
egg 66
eight 200
eighteen 201
eighteenth 201
eighth 200
either 130
elementary school 74
elephant 108
eleven 201
eleventh 201,204
else 130
e-mail 70
empty 226
end 30
engineer 88
English 80
enough 134
enter 216
evening 62
ever 144
every 130
everywhere 138
example 204
excite 176
excited 128
excitement 176
exciting 128
expect 204

experience 204
explain 204
express 174
expression 174
eye 68

**F...**
face 68
fail 34,58
fail in love with 42
family 24
famous 134
fantastic 116
far 122
farm 100
fast 126
fax 70
February 56
feel 172
feeling 172
fell 228
few 196
fifteen 201
fifteenth 201
fifth 200
fill 228
filled 126
find 30
find out 42
fine 116,126
finger 68

finish 30
fire 211
firefly 211
firework 211
first 200,214
fish 110,170
fishing 170
five 200,222
flight 96
flight attendant 96
flower garden 64
flute 82
food 210
foolish 210
foot 68
for 148
foreign 186
foreigner 186
forest 106
forget 32
fork 217
forty 210,217
found 212
four 200
fourteen 201,208
fourteenth 201
fourth 200
France 98
free 122,124,188
freedom 188
freely 208

French 80,164
Friday 58
friend 22,186
friendly 186
frog 110
from 148
front door 64
front yard 64
fruit 66
full 126
fun 184
funny 184
future 60

**G...**
game 84
gate 220
gather 216
gave 220
gentle 184
gentleman 184
German 164
Germany 98
gesture 70
get 30,38,42
get on 42
girl 22
give 30
glad 114
glass 229
glove 225

247

# Index

go 40
go to bed 40,48
gold 162
good 114,116,120,132
good-bye 211
grade 221
grandfather 24
grandmother 24
grass 229
gray 162
great 116
green 162
greet 209
greeting card 70
ground 106
guitar 82
gun 207

**H...**
hair 68
happen 230
happiness 182
happy 114,120.182
hard 120
have 40,42,48
have on 48
have to 50
he 16
head 68
health 184
healthy 184

hear 44
heat 218
heater 218
hello 229
help 38,184
helpful 134,184
her 16
hide 222
high 126
hill 228
him 16
himself 16
historic 184
history 80,184
hobby 231
hockey 84
hold 40
home 60,140
homework 78,158
hope 46
horizon 104
horse 110
hospital 92
hot 118
hotel 92
hour 62
house 64
how 26
hug 206
hundred 207
hungry 207

hunt 207
hurry 215
hurt 215

**I...**
I 14
ice 102
if 152
ill 182
illness 182
imagine 174
imagination 174
importance 226
important 226
impress 226
impression 226
improve 226
in 138,146,150
inside 223
instrument 82
interested 128
interesting 128
international 134
introduce 225
invite 223
it 20
Italian 164
Italy 98
its 20
itself 20

## J...

January 56
Japan 98
Japanese 80,164
jazz 231
job 88
jogging 86
join 42
joke 224
judo 86
juice 158
July 56
jump 227
June 56
junior high school 74
just 206

## K...

kangaroo 108
kind 132,182
kindergarten 74
kindness 182
kiss 228
kitchen 64
know 42,48,176
knowledge 176
koala 108
Korea 98

## L

lady 22
lake 220
lamp 227
land 106
language 70
large 132
late 126
lead 168
leader 168
leaf 218
learn 40,48
leave 36
left 142
leg 68
lend 36
lesson 78
lie 223
light 124
like 46
lion 108
listen 168
listen to 44
listener 168
little 132,198
live 46
living 128
living room 64
London 213
look 46
low 213
luck 186
lucky 186
lunch 207
lunchtime 207

## M...

made 220
mail 70
make 168
maker 168
man 22
many 196
many times 144
March 56
mark 214
market 100
marriage 176
marry 176
master 216
math 80,160
mathematics 160
matter 230
may 50
May 56
May I 52
me 14
meal 218
mean 170
meaning 170
meat 218
meet 38,170
meeting 170
member 227

249

# Index

middle 231
midnight 62
mile 222
milk 158
million 229
mine 14
minute 62
mirror 231
Monday 58
monkey 108
month 60
moon 104
morning 62
motorbike 94
most 194
mostly 194
mountain 106,160
mouth 68
move 176
movement 176
movie theater 92
Mt. 160
much 198
museum 92
music 80,82
musician 82
must 50
Must I 52
my 14
myself 14

**N...**
name 220
national 134
nature 104
near 122
need to 50
never 144
news 158
nice 114,126,132
night 62
nine 200
nineteen 201
ninth 200
no 196,198
noise 188
noisy 124,188
none 213
noon 62
north 142
nose 68
not ~ any 196,198
not ~ many 196
not ~ much 198
note 224
notebook 76
November 56
number 227
nurse 88
nursery school 74

**O...**
ocean 104

October 56
officer 88
often 144
OK 116
Olympics 226
on 146,148
once 144
one 200
only 205
open 34
or 152
orange 66
order 217
organ 82
other 130
our 18
ours 18
ourselves 18
out 138
over 148,150
over here 138
over there 138
overseas 140
own 213
owner 213

**P...**
page 220
paint 170
painting 170
pair 215

pale 221
paper 76,158
parent 24
park 100,170
parking 170
part 214
party 214
pass 228
passenger 96
past 60
patience 190
patient 190
pay 176
payment 176
PC 78
P.E. 80
peace 190
peaceful 190
pen 76
pencil 76
penguin 108
people 22
person 22
phone 70,160
pianist 82
piano 82
pie 223
pilot 96
place 221
plane 94,96
play 32

player 84
poem 205
pool 210
poor 124
port 217
post office 92
pound 212
power 216
pretty 132
price 222
prize 223
problem 78
proud 212
public 206
pull 228
put 44
put on 48

### Q...

queen 208
question 78
quick 194
quickly 194
quiet 124,194
quietly 194

### R...

rabbit 110
race 221
rain 102
rainbow 102

rainy 118
rather 216
read 32,168
reader 168
ready 114
receive 38
red 162
reduce 225
remember 32
repair 215
repeat 204
report 204
responsibility 186
responsible 186
restaurant 100
return 204
rice 66
rich 124
ride away 42
right 122,142
rise 30
river 106
road 106
rode 224
roof 210
room 64
rope 224
round 212
rule 225
run 32,166
runner 166

# Index

running 86

### S...
sad 114,120
safe 194
safely 194
safety 178
salad 66
same 122
satisfied 114
saturday 58
save 36,38,178
say 44
scene 209
school 74
school life 78
school uniform 76
science 80
sea 104
season 218
seat 178
second 200
see 38
seed 208
sell 34
senior high school 74
September 56
set 30,44
seven 200
seventeen 201
seventeenth 201

seventh 200
shake 221
Shall I 52
share 219
she 16
sheep 108
sheet 209
shine 222
ship 94
shoe 76
shone 224
shop 100,172
shopping 172
short 217
should 50
Should I 52
shoulder 216
show 44
shower 102
shut 206
sick 182
sickness 182
side 222
silence 188
silent 188
silver 162
simple 120,227
since 148
sing 32,178
singer 88
sister 24

sit 34,178
six 200
sixteen 201
sixteenth 201
sixth 200
size 222
skating 86
skiing 86
sky 104
sleep 40,48
slide 223
slow 126,192
slowly 192
small 132
smell 229
smile 223
snow 102
snowy 118
so 152
so-so 116
soccer 84
soccer player 88
social 186
society 186
soft 120
sold 205
some 196,198
somebody 154
someday 154
someone 154
something 154

sometime 154
sometimes 144
son 24
song 178
soon 210
sorry 114
sound 46,212
soup 66
south 142
space 221
Spanish 164
speak 44
special 134
speech 70
speed 209
spend 36
spoke 224
spoon 210
sport 84,217
spring 58
square 219
stair 215
stamp 227
stand 34
star 104
start 30
station 92
steal 218
still 229
stone 224

stood 211
store 100
straight 138
strange 188
stranger 188
street 106
strong 122
student 74
study 40
subject 80
subway 94
succeed 34
such 206
summer 58
sun 104
Sunday 58
sunny 118
sunrise 102
sunset 102
sunshine 207
supper 230
sure 194
surely 194
surprised 128
surprising 128
sweet 209
swim 166
swimmer 166
swimming 86
swum 206

symbol 226

## T...

take 38,40
talk 44
tall 126
tape 221
taste 46
taxi 94
tea 158
teach 44
teacher 74,88
team 84
telephone 160
television 160
tell 44
temple 227
ten 200
tennis 84
tenth 200
terrible 116
textbook 211
thank 219
the Internet 78
their 18,20
theirs 18
them 18,20
theme 209
themselves 18,20
there 138,140

253

# Index

these 209
they 18,20
thing 219
think 46
third 200,214
those 224
thousand 212
three 200,208
three times 144
through 150
throw 219
Thursday 58
tie 223
tiger 108
till 146,228
time 62
tissue 76
today 60
told 205
tomorrow 60
too 130
took 211
tool 210
tooth 210
tower 92
town 100
tradition 188
traditional 188
train 94,172
training 172
tree 106

trouble 213
truck 206
true 225
Tuesday 58
turn 215
TV 160
twelfth 201
twelve 201
twentieth 201
twenty 201
twice 144
two 200

**U...**
uncle 24
under 150
understand 172
understanding 172
understood 211
uneasy 207
unhappy 207
university 74
unlucky 207
up 142
upstairs 140
us 18
useful 134,182
usefulness 182
usually 144

**V...**

vase 221
vegetable 66
village 100
violin 82
volleyball 84

**W...**
wake 221
walk 32
walking 86
wall 205
wallet 229
warm 118
watch 38
water 158
wave 221
we 18
weak 122
wear 48
weather 102
Wednesday 58
week 60
welcome 225
well 116
west 142
what 26
when 140,152
where 140
which 26
white 124,162
who 26,190

whose 26,190
wife 222
will 50
Will you 52
wind 102
window 64
windy 118
winter 58
with 148
within 146
without 148
woman 22
wonder 213
wonderful 134
won't 205
wood 106,190
wooden 190
wool 211
word 217
words 82
work 32,88,158
worker 217
world 217
Would you 52
write 32,166
writer 166
wrong 122

**Y...**

year 60
yellow 162
yesterday 60
you 14
young 134,190
your 14
yours 14
yourself 14
youth 190

**Z...**

zebra 108

| 개정판 | 2024년 10월 15일 |
|---|---|
| 저자 | Nagasawa Toshio |
| 번역 | 김민경 |
| 발행인 | 이기선 |
| 발행처 | 제이플러스 |
| 주소 | 경기도 고양시 덕양구 향동로 217 KA1312 |
| 영업부 | 02-332-8320 편집부 02-3142-2520 |
| 홈페이지 | www.jplus114.com |
| 등록번호 | 제10-1680호 |
| 등록일자 | 1998년 12월 9일 |
| ISBN | 979-11-5601-267-2 |

●파본은 구입하신 서점이나 본사에서 바꾸어 드립니다.

CHUGAKU 3NENBUN NO EITANGO GA 10KAKAN DE MINITSUKU "KOTSU TO HOSOKU"
© TOSHIO NAGASAWA 2010
Originally published in Japan in 2010 by ASUKA PUBLISHING INC.
Korean translation rights arranged through TOHAN CORPORATION, TOKYO
and EntersKorea Co.,Ltd.,Seoul.

이 책의 한국어판 저작권은 ㈜엔터스코리아를 통해 저작권자와 독점 계약한 도서출판 제이플러스에 있습니다.
신 저작권법에 의하여 한국 내에서 보호를 받는 저작물이므로 무단전재와 무단복제를 금합니다.